**读客外国小说文库**

读客激发个人成长

# 回到故乡的陌生人

[英] 莫欣·哈米德 著 孙璐 译

文汇出版社

图书在版编目（CIP）数据

回到故乡的陌生人 /（英）莫欣·哈米德
(Mohsin Hamid) 著；孙璐译. -- 上海：文汇出版社，
2018.10
 ISBN 978-7-5496-2684-7

Ⅰ.①回… Ⅱ.①莫… ②孙… Ⅲ.①长篇小说—英国—现代 Ⅳ.①I561.45

中国版本图书馆CIP数据核字（2018）第162187号

THE RELUCTANT FUNDAMENTALIST by Mohsin Hamid
Copyright © 2007 by Mohsin Hamid
Chinese (Simplified Characters) copyright © 2018
By Dook Media Group Limited
Published by arrangement with Mohsin Hamid c/o William Morris Endeavor Entertainment, LLC.
through Andrew Nurnberg Associates International Limited.
ALL RIGHTS RESERVED

中文版权 © 2018读客文化股份有限公司
经授权，读客文化股份有限公司拥有本书的中文（简体）版权
著作权合同登记号：09-2018-634

## 回到故乡的陌生人

| | |
|---|---|
| 作　　者 / | （英）莫欣·哈米德 |
| 译　　者 / | 孙　璐 |
| 责任编辑 / | 若　晨 |
| 特邀编辑 / | 高飞宇　姚红成 |
| 封面装帧 / | 刘　倩 |
| 出版发行 / | 文汇出版社 |
| | 上海市威海路755号 |
| | （邮政编码200041） |
| 经　　销 / | 全国新华书店 |
| 印刷装订 / | 北京中科印刷有限公司 |
| 版　　次 / | 2018年10月第1版 |
| 印　　次 / | 2018年10月第1次印刷 |
| 开　　本 / | 890mm×1270mm　1/32 |
| 字　　数 / | 105千字 |
| 印　　张 / | 6.25 |

ISBN 978-7-5496-2684-7
定　　价 / 36.00元

侵权必究
装订质量问题，请致电010-87681002（免费更换，邮寄到付）

# The Reluctant Fundamentalist

Mohsin Hamid

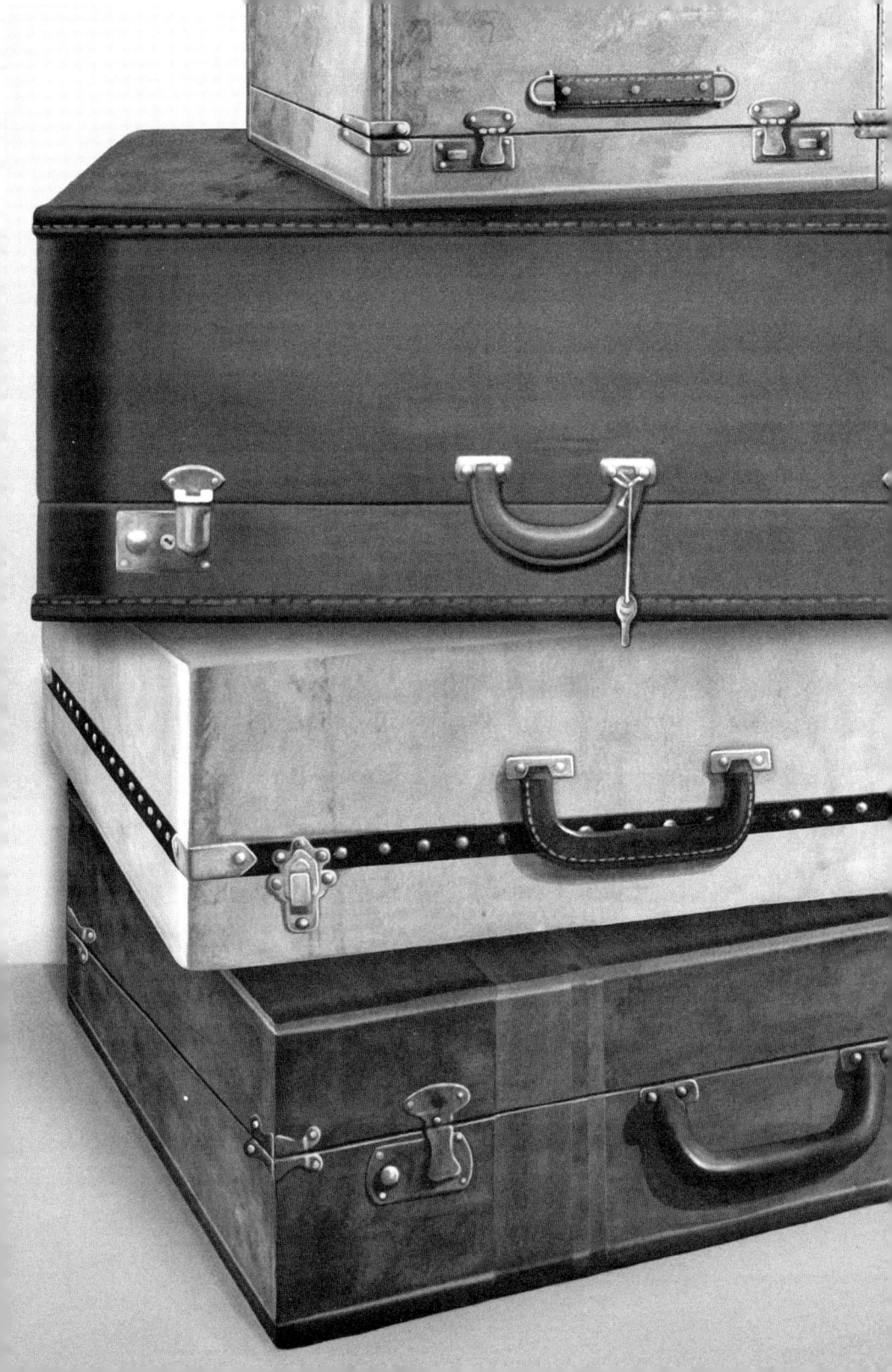

*1*

打扰一下,先生,我能帮您什么忙吗?啊,我猜我吓着您了,不过请您不要害怕,别看我留着大胡子,可是我爱美国。我注意到您在找东西,不只是找,您似乎还有任务在身。我是本地人,又会说您的语言,所以我想大概我可以为您提供服务。

我怎么知道您是美国人的?不,不是因为您的肤色,我们国家各种肤色的人都有,我们的西北边境地区就有许多您这种肤色的人。也不是因为您的衣着,欧洲游客同样可以在得梅因[1]买到您穿的这种单开叉西服和正装衬衫。当然,您的短碎发是美国流行的样式,发达的胸肌说明您像许多美国人一样,是健身房的常客,可以轻松举起225磅以上的杠铃。不过,其他国家的运动员和军人有可能也留您这样的发型,同样身材健壮。老

---

1 Des Moines,美国爱荷华州首府。——译注(本书中注释如无特殊说明,均为译注)

实说,是您的举止让我判断您是美国人,我并没有侮辱您,请不要生气,这只是我通过观察得出的结论。

来吧,告诉我,您到底在找什么?可以肯定的是,您在一天中的这个时候来老阿纳卡里区——您也许知道,"阿纳卡里"是一个妓女的名字,她因为和一位王子相爱而被关了起来——只可能为了一件事:喝一杯好茶。我猜得对吗,先生?那请允许我把我最喜欢的茶馆介绍给您。没错,就是这家,这儿的铁椅子上的坐垫并不比别家舒服,木头桌子也是同样的粗糙,而且都是露天的。但茶的质量,我敢向您保证,别的茶馆根本比不上。

您喜欢那个后背紧贴着墙的位置?没问题,但这样您恐怕就体会不到微风习习的感觉了,在温暖的下午吹吹风还是很舒服的。您不打算脱掉外套吗?这么拘谨!有点儿不像美国人,至少我见过的美国人不是这样的。我的经历并非走马观花,我在您的国家待了四年半。在哪里?我在纽约工作,此前在新泽西上大学。是的,您说得对,是普林斯顿大学!您可真会猜。

我觉得普林斯顿怎么样?说来话长。刚到那里的时候,看到校园里那些古色古香的哥特式建筑,我觉得仿佛时光倒流、进入了梦幻之地。后来我才知道，这些建筑的表面经过了酸处理做旧，加之石工技艺高超，所以它们只是看似历史悠久，其实还不如拉合尔市内的那些清真寺古老。被普林斯顿大学录取让我感觉自己的人生好似一部电影，我是扮演主角的明星，一切皆有可能。我想，我终于来到这座美丽的校园，这里的教授是各自领域的巨擘，学生们则会是各个行业的佼佼者。

我必须承认，此前我对普林斯顿学生的水平预估过高。诚然，他们几乎都很聪明，许多人非常优秀。但与我同届的学生里，只有包括我在内的两个巴基斯坦人，而巴基斯坦的总人口有一亿多人。所以，相较而言，美国人可以更轻松地进入普林斯顿，我的同届生中就有一千名您的同胞，是巴基斯坦学生的五百倍，而您国家的人口只有我们国家的两倍。这样一来，我们之中的非美国人的平均学术水平就超过了美国人。以我本人为例，四年的本科生涯中，我连一个B都没有得过。

现在回想起来，我能看到这套教育体制的力量，它和美国的许多其他制度一样卓有成效。我们这些留学生来自世界各地，不仅通过了标准化的考试，而且经历了痛苦磨人的评估、面试、论文考核、推荐等层层选拔，最终脱颖而出，成为强者之中的最强者。我本人的考试成绩是巴基斯坦全国最高，我的足球也踢得很好，水平足以进入校队，而且我确实进入了校队，直到大二的时候膝盖受伤才退出。像我这样的学生才有资格获得美国的签证和奖学金，而且是全额奖学金，进入知名大学，跻身精英行列。作为回报，我们必须把自己的才能贡献给你们的社会，就是我们受邀加入的这个社会。在大多数情况下，我们很高兴这样做，我自己也非常乐意，至少一开始是乐意的。

每年秋天，普林斯顿都会对来校园招聘的大公司掀起她的裙摆，像你们美国人说的那样——露一点儿肌肤给他们看看。普林斯顿展露的当然是好的肌肤——把最年轻、最能言善辩、最聪明的那批学生双手奉上。大四那年，我意识到，即使在这批人里面，我也是与众不同的。我是普林斯顿的那只晒得黝黑发亮的乳房，丰满挺翘，丝毫不向地心引力低头，有信心获得自己想要的任何工作。

只有一家公司例外，那就是安德伍德·桑森。您没听说过吗？这是一家评估公司，为客户做资产估值。据说他们的评估结果准得出奇，公司虽小，五脏俱全，雇的人很少，薪水却很高，单是给刚毕业的本科生开出的底薪就超过了八万美元。更重要的是，在那里上班，你可以获得一套扎实的技能，外加一份金光闪闪的工作履历。其实，只要在那里做过两三年的分析师，就可以轻松进入哈佛商学院。正因如此，2001年的时候，上百名普林斯顿毕业生把自己的成绩单和简历寄给了安德伍德·桑森，入选的却只有八个人。我得说清楚，他们只是获得了面试的资格，这八个人里，其中一个就是我。

您看起来挺紧张，别担心，这个魁梧的家伙只是我们的服务员。您先不用把手伸到衣袋里摸钱包，等一下我们再付钱，等我们喝完茶之后。您喜欢加奶加糖的普通茶还是绿茶？或者是风味更特别的克什米尔茶？您非常会选，我也来份一样的，再来一碟油炸蜜糖圈。好啦，他走了。别看这家伙模样凶恶，其实很懂礼数，您要是听得懂乌尔都语就好了，他的嘴巴简直太甜了。

我们说到哪儿了？啊，没错，安德伍德·桑森。面试那天，我竟然一反常态地紧张起来。面试官只有一位，他在纳索酒店的普通客房和我们见了面。请注意，是普通房，不是豪华套间，他们知道这样已经足够让我们印象深刻了。轮到我的时候，我走进去，发现套间里坐着一个男人，身材和您相似，看上去像一位经验丰富的军官。"昌盖兹？"他问。我点点头，因为这就是我的名字。"来吧，请坐。"

他告诉我，他叫吉姆，我有五十分钟的时间说服他给我一份工作。"推销一下你自己，"他说，"你有什么特别之处？"我开始按照事先准备好的自我介绍阐述起来，告诉他我即将以最优等的成绩毕业，而且像我提过的那样，大学四年里，我连一个B都没得过。"我知道你很聪明，"他说，"但今天来面试的人谁都没有得过B。"听到这里，我觉得有些不安，连忙告诉他我的性格很顽强，膝盖受伤后我坚持理疗，只用了医生预计的一半时间就康复了。尽管不能再进校队踢球，但我又可以在六分钟内跑完一英里了。"很好。"他说，而我刚要庆幸自己终于给他留下了一定的印象，却听到他又问，"还有别的吗？"

我沉默了。您瞧，我平时非常喜欢聊天，可当时我根本不知道该说什么好，只能和他面面相觑，绞尽脑汁思考他到底期待什么样的答案。他低头看着我的简历，简历就搁在我们中间的桌子上，然后又抬头看着我。他的眼神挺冷酷，眼珠是淡蓝色的，似乎能洞察一切，像珠宝商端详一颗他既不想买也不想卖的钻石那样，对你作出客观而专业的评价。终于——实际上可能只过去了一分多钟，但给人的感觉仿佛过了很长时间——他开口道："回答我几个问题。你从哪里来？"

我说我来自拉合尔,巴基斯坦的第二大城市,旁遮普省历史悠久的首府,人口数量直逼纽约。它位于一片冲积平原上,历史上先后遭到过雅利安人、蒙古人和英国人的侵略。他几近微不可察地点了点头,说:"你享受助学金吗?"

我没有马上回答他,我知道有许多问题是面试者不应该问的,比如宗教信仰、性取向之类,我怀疑助学金也是禁忌话题之一。但我迟疑不答的原因并非这一点,而是他的问题让我感到不舒服。沉吟片刻,我才说:"是的。""对留学生来说,申请助学金是不是更难?"他问。我又说:"是的。""那么,"他说,"你一定非常需要这笔钱。"我只好第三次说出了那两个字:"是的。"

吉姆靠在椅背上,跷起二郎腿,就像您现在这样。然后他说:"你很有教养,衣着也得体,口音纯正,大部分人会觉得你出身于富裕家庭。"这不是一个问题,所以我没有回应。他继续说:"你在这儿的朋友们知道你家里负担不起你在普林斯顿的学费,需要助学金救急吗?"

我说过,对我而言这是最重要的一次面试,虽然知道自己应该保持冷静，我却越来越恼火，因为这种问题让我无法忍受。于是我说："抱歉，吉姆，可你的这些问题究竟有什么意义呢？"我的声音比预想中的高，而且气冲冲的。"这么说，他们并不知道啰。"吉姆微笑着说，"你脾气不小啊，不过我喜欢。我也是普林斯顿毕业的，一九八一届，同样是最优等成绩。"他冲我眨眨眼，"我是我们家里的第一个大学生。我晚上在特伦顿[1]打工赚学费，因为那儿离学校远，不容易被认识的人发现。所以我熟悉你的处境。昌盖兹，你有一种饥饿感，我觉得这是好事。"

我得承认，当时我完全乱了阵脚，不知该如何反应。但我知道我已经给吉姆留下了深刻的印象，毕竟他在短短几分钟内看透了我，有许多人哪怕已经认识了我很多年，却做不到如此了解我。我也因此见识到他的评估能力，进而理解了他的公司在业内如此有名的原因。我很高兴他能在我身上找到他所看重的东西，而我自面试就开始动摇的自信也逐渐恢复起来。

请允许我在这里说一点儿题外话，因为我觉得有这个必要。我不穷，而且远非如此。我的曾祖父是个律师，他为旁遮

---

[1] Trenton，新泽西州首府。

普的穆斯林捐建过一所学校。和他一样,我的祖父和父亲都在英国读的大学,我们家在拉合尔的富人区——古尔伯格区中部,占地一英亩。我们雇了许多仆人,包括司机和园丁,在美国,只有非常有钱的家庭才拥有这样的条件。

然而我们并不富有,我家的男男女女——是的,也包括女人——都有工作,属于职业人士。我曾祖父去世后的半个世纪中,对巴基斯坦的职业人士而言,日子并不好过。工资上涨赶不上通货膨胀的速度,卢比兑美元的汇率持续下跌,经过几代人的瓜分,家族产业不断缩水。因此我的祖父买不起上辈人买得起的东西,我的父亲不能像我祖父当年那样摆阔,等到送我上大学的时候,家里早就没钱了。

不过,在任何讲究阶级观念的传统社会,社会地位的滑落速度要比财富的消失速度慢上许多。所以我们仍旧属于旁遮普的上流阶层,依然会收到富人圈的各种活动的邀请,比如婚礼和派对。但对于那些冉冉上升的城市新贵——开着宝马越野车招摇过市的,或守法或非法经营的企业主——我们只能投以蔑视和嫉妒的复杂目光。我们的处境恐怕类似于十九世纪欧洲,那些面对资产阶级崛起的没落贵族。然而我们这些曾经的富人比他们还要更多地感受到一层不适,甚至连那些中产阶级也对此深有感触,那就是:过去买得起的东西,现在我们已经无力支付了。

面对这样的现实,我们只有两个选择:假装一切都很好,或者努力工作,争取东山再起。我两种都选。在普林斯顿,我表面上装得像个王子,出手阔绰,潇洒不羁,暗中却在学校里打了三份工。工作的地点都是人迹罕至之处,比如近东研究所的图书馆,学习全靠晚上熬通宵。我遇到的大部分人都被我的伪装骗到了,吉姆却是例外。不过,幸运之处在于,我觉得羞愧的事情,他却视为机会。可他的话也不全对,这是我后来才体会到的。

啊,我们的茶来了!请不要怀疑,我向您保证,先生,茶水没问题,不会给您造成任何伤害,甚至连拉肚子都不会,里面肯定没下毒。来吧,如果您还是不放心,我就和您换一下,您喝我的?好啦,就这样,您喜欢加多少糖?不加?还真是少见,不过既然您坚持,我就不给您加糖了。请务必尝一下这种黏糊糊的橘红色小甜点,可是您得小心,它们很烫!啊,我看到您点头了,味道很好,是不是?即便在如此炎热的天气,一杯茶还是会让人神清气爽。真是有点儿怪,对吧?可事实就是这样的。

刚才给您讲到我去安德伍德·桑森公司面试，吉姆觉得我有一种他所谓的饥饿感。我等着他说后面的话，只听他接下来说："好吧，昌盖兹，我来考考你，给你一个商业案例，请你帮我评估这家公司的价值。你想知道什么都可以问我——你有二十次提问机会——然后用那边的铅笔和纸来计算。准备好了吗？"我说是的，他继续道，"我现在要向你投一个难接的曲线球，你必须发挥创造力。这家公司的业务很简单，只提供一种服务：瞬移旅行。你走进纽约的传送站，下一秒就到了伦敦，就像《星际迷航》里的传送机。明白吗？好了，开始吧。"

当时我只是表面上冷静，内心却紧张得要命，怎样才能计算这家子虚乌有的怪异公司的价值呢？从何处入手？我毫无头绪。我看着吉姆，但他似乎不像是在开玩笑，我只好深吸一口气，闭上眼睛。踢球的时候，我经常会进入这样的精神状态：我的自我仿佛消失了，感受到全然的自由，各种疑问和界限也随之消除，从而得以心无旁骛地体验比赛。每当进入这种状态，我便觉得没有什么能够阻挡我。苏菲教派的神秘主义者和禅宗大师或许能理解我的这种感觉，古代的武士在上阵前大概也会这样做——通过仪式做到直面死亡，战斗时才不会被恐惧所拖累。

这就是我面试时的状态，首要目标是寻找切入点。为了理解瞬移旅行这项技术，我提出几个问题：它的升级空间有多大、可靠程度和安全性如何。然后我向吉姆提出了几个关于市场环境的问题：如果市场上存在直接竞争对手，公司会如何应对，是否存在特别关键的供应商。我又从成本方面计算了必需的费用。最后我考察了收益，使用协和式飞机的数据加以对比，估测旅行时间减半直至缩减为零之后获得的价格优势，以及对客户需求的满足情况。全部完成之后，我计算了公司的未来收益，再折合成当下的净价值。最后，我得出一个数字。

"二十三亿美元。"我说。吉姆沉默了一会儿，摇摇头。"太乐观了，"他说，"用户的接受程度被你估计得过高了。以你本人为例，你愿意走进一台机器，被它转化成非物质形态，然后传送到几千英里之外吗？客户为什么会支付大笔咨询费给安德伍德·桑森？就是为了看透各种炒作背后的本质。"我低下了头。"不过，"吉姆接着说，"你的方法很好，你拥有这方面的能力，你需要的只是培训和经验。"他向我伸出手来，"我们决定录用你，你有一个星期的时间考虑是否接受。"

起初我不敢相信自己的耳朵,便问他是不是认真的,会不会还有第二轮面试。"我们是个小公司,"他说,"没有那么多时间可以浪费。而且我就是负责招募分析师的,一切都是我说了算。"我这才意识到他的手依旧是伸着的,连忙和他握了手,唯恐他会把手收回去。他握得坚定有力,仿佛在无声地告诉我:安德伍德·桑森有能力改变我的人生,就像改变了他的人生那样。我原本对待遇和前途问题的担忧也随着他的动作飘散到了九霄云外。

那天下午,我是走着回宿舍(后来他们叫那里"爱德华兹楼")的。天空蓝得耀眼,和今天我们头顶的这片土黄色天空十分不同。我心中充满自豪,不由自主地抬头喊了起来:"谢谢你,真主!"这个举动不仅吓了我自己一跳,肯定也让路过的学生吓得不轻。

没错,我乐坏了。这就是我对普林斯顿的看法:普林斯顿让一切成为可能。然而它并不曾,也不能使我忘记眼前的一切:在我出生的城市,喝着我爱喝的茶,茶色越泡越浓,新鲜的全脂牛奶更是给它带来醇厚细腻的质感。非常美妙,对不对?您的茶喝完了?我来给您续上一杯。

*2*

您看到那边的姑娘们没有？牛仔裤上沾着颜料的那些女孩？是的，她们很迷人，而且和我们旁边桌上的那几个穿传统服装的女人很不一样。国立艺术学院离这里不远，前面一拐弯就是，那里的学生经常来这里喝茶，像我们这样。您好像对其中一个姑娘特别感兴趣？她确实是个美女。告诉我，先生，您在家乡有没有男友或者女友？我无意打探您的性取向，但从您的眼神看，我猜您的心上人应该是位女性。

您耸了耸肩，虽然我不知道这是什么意思，但我愿意和您多分享些往事。我有过一个恋人，她的名字叫艾丽卡。本科毕业那年，我们一群普林斯顿的学生决定去希腊度假，我俩就是在那个夏天认识的，她和其他人都是普林斯顿最有名的美食俱乐部——常春藤俱乐部的成员。这次旅行要么是父母送他们的毕业礼物，要么是他们用自己的信托基金支付的，因为他们已经到了可以自行支配这些钱的年龄。而当时的我却不得不住地下室，自己做饭，全靠安德伍德·桑森发的入职奖金我才得以成行。我和俱乐部的一个成员查克关系不错，他是我在足球队时结识的，很受外国学生欢迎，通过他我认识了不少留学生。

我们乘坐不同的航班在雅典碰头，第一次见到艾丽卡时，我就像鬼迷心窍了一样，不由自主地跑过去帮她拿包，因为她那种优雅雍容的魅力实在是太动人了。她的头发像花冠一样盘在头顶，还有小腹——坚实平坦的小腹，后来我才知道那是多年练习跆拳道的成果——在一件印有毛主席头像的T恤下若隐若现。旁人为我们作了介绍，和我握手时，她笑了笑，不知道是赞赏我的文雅举止还是取笑我的落伍，然后我们就随大家一起去了港口城市比雷埃夫斯。

我很快发现，追求艾丽卡的人不止我一个。我们刚登上开往岛屿的轮渡，一个戴皮项链的年轻人就在甲板对面冲着她弹起了求爱的吉他，他虽然光着膀子，却丝毫没有可以炫耀的肌肉。"他讲的是什么语言？"她靠近了问我，近到她的呼吸搔得我耳尖发痒。"我猜是英语吧，"我好不容易才稳住心神回答她，"唱的是布莱恩·亚当斯的《六九年夏天》。"她笑了起来。"你说得对，"她又礼貌地压低声音补充道，"哇，他唱得可真糟糕！"我本想表示同意来着，但既然已经知道这个家伙对我并不构成威胁，我也乐于故作大度地保持沉默。

查克的好朋友、名字也是单音节的迈克带给我的挑战更严峻。第二天，我们坐在一家俯瞰桑托里尼岛火山口的餐馆里，他看似漫不经心地伸出胳膊搭在艾丽卡的椅背上，而且始终保持这个姿势，坚持了快一个小时。他这样肯定很不舒服，但艾丽卡并没有表现出希望他把胳膊拿下来的意思，我觉得这可能是因为她一直在专注地听我讲话，没有注意到他的胳膊。听我说话时，她不时露出微笑，绿眼睛专注地看着我。然而后来回住处的路上，她和迈克两个人却走在了队伍的最后，见到这一幕，当天晚上我就失眠了。

早晨，我欣慰地看到她在迈克之前下楼吃早餐，并没有和他一起。我还高兴地发现，我和她似乎是最早下楼的两个人。她把果酱涂在羊角面包上，分给我一半，说："你知道我想干什么吗？"我问她想干什么。"我想一个人留在这里，"她说，"在这里的岛上租个房间写东西。"我表示她确实应该这么做，她却摇了摇头。"我连一个星期都坚持不下去，"她说，"我受不了单独一个人。可你就不一样了，"说到这里，她歪歪脑袋，抱起了胳膊，"我猜你可能不会害怕孤独。"

在我的记忆里,我好像确实不曾害怕孤独,于是我赞同地耸耸肩,以一种解释的语气说道:"我是和七个堂表兄弟姐妹一起长大的,我们一共八个小孩,生活在同一个大院里,院墙里面是我爷爷留给他儿子们的土地。我们有三条狗,还养过一只鸭子。"她笑了一会儿,说:"所以对你来说,独处是一种奢侈啰?"我点点头。"你身上散发着一种强烈的家的味道,"她说,"你知道吗?就是那种'我来自大家庭'的感觉,这很不错,它会让你觉得踏实。"我听了很高兴,但其实并不怎么理解她的话,只能向她道谢,除此之外也不知说什么好。犹豫了一会儿,我小心翼翼地问:"你呢?你觉得踏实吗?"

她想了想,用我认为是略带伤感的语气回答:"有时候会,但其实不是真的觉得踏实。"我还没来得及回应,查克就加入了我们的谈话,然后迈克也来了,话题随即转到了海滩、宿醉和轮渡的准时程度。不过,当我看向艾丽卡时,她也会看着我,我觉得我们之间达成了某种心照不宣的交流,这是友情萌生的信号,于是我开始耐心等待和她继续讨论先前话题的机会。

谁知这样的机会直到许多天之后才出现，您一定能想象出我等得是多么焦急，但您要知道，我之前从来没有像这样度过假。我们租来了小轮摩托车，买了草席，用来铺在满是火山沙的海滩上，沙子被太阳烤得很烫，根本不敢直接躺上去。我们待在那些老年夫妇夏天出租给游客的古朴房屋里，吃烤章鱼，喝苏打水和红酒。我此前从没去过欧洲，甚至没在海里游过泳。您知道吗，从拉合尔坐飞机，需要一个半小时才能到海边，所以我很愿意跟着这群有钱的年轻伙伴尽情地享受一番。

我得承认，旅途中的一些细节引起了我的不快：比如他们花钱大手大脚，偶尔还会吃一顿——但总的次数加起来并不算少——五十美元一位的大餐，而且认为既然付了账就可以对服务员颐指气使。为了按照他们设想的那一套来，他们会呵斥比自己年龄大一倍的希腊人："到底该听你的还是听我们的？"一方面心疼自己变瘪的钱包，另一方面出于尊重年长者的传统意识，我怎么也想不明白，人类历史究竟发生了怎样的倒退，才会迫使我的同伴以世界的统治阶级自居，我觉得他们中的很多人和我们国家的暴发户一样缺少教养。

不过，也许因为后来我和你们国家的关系发生了变化，我不经意间夸大了刚才的描述。但无论如何，这些人在我眼中只是陪衬，光彩照人的艾丽卡则是他们衬托的对象，哪怕只是看着她都会让我感到极大的满足。她告诉我，她讨厌独自一人，我发现的确如此——她拥有一种不寻常的气质，能把别人吸引到自己身边。博物学家们大概会把她比作母狮：强壮、优雅，周身环绕着骄傲自信的气场。

然而你也会感觉到，她与周遭的一切保持着不远不近的距离，并不是说她趾高气扬，她的态度其实十分亲切友善，但是你能觉察出她的某些部分遥不可及，隐藏在未能吐露的思想之中。可以这么说，假如按照你们国家对当代女性偶像的分类标准进行归类，她应该属于格温妮丝·帕特洛的同类，而并非小甜甜布兰妮那一类。

您好像对我的文化分析不感兴趣，有些心不在焉？先生，国立艺术学院的那些漂亮姑娘显然俘虏了您的注意力，还是说您在打量那个男人？就是胡子比我长很多、站在她们旁边的那个？您觉得他会责备那些女孩衣着不得体吗？不应该穿T恤和牛仔裤？我猜不会：她们看上去很熟悉这里，大概经常过来，那个男人却和这里的环境格格不入。而且拉合尔的集市地区还有许多约定俗成的规矩，其中一条就是，如果女性被男性骚扰，她可以要求周围的人像她的兄弟一样出手援助。接到求助信号后,大家通常会真的像她兄弟那样把骚扰者狠揍一顿。您瞧,先生,他已经走开了,他只是多看了几眼他认为迷人的东西而已,很像您,当然,您比他谨慎多了。

至于我自己,那年夏天和艾丽卡待在希腊的时候,我尽量不多看她,但假期即将结束时,在罗德岛上,我再也无法控制自己。您没去过罗德岛?您一定要去看看。我认为那里不同于我们去过的其他岛屿,那里的城镇有城墙和古堡保护,用来抵御土耳其人的入侵。现代的希腊海军和空军在很大程度上也是因此目的而设的,他们就像古代的城墙。想到我是在墙的另一侧长大的,我就觉得非常怪异!

但那里既不算墙的这一边,也不算墙的那一边,只能说属于中间地带。我刚才给您讲到我不由自主地看她。当时我们躺在沙滩上,附近还有许多欧洲女人像往常一样裸着上身晒日光浴——对于这种做法我发自内心地支持,然而普林斯顿的女生们还不能完全接受——这时我发现艾丽卡正在解她的比基尼带子。她和我不过一臂之遥,在我的注视下,她在阳光里袒露出乳房。

片刻之后,不,您的怀疑是对的,我说了谎,比片刻还要长很多,她扭过头来,发现我盯着她。其实我有很多选择:赶紧挪开视线,从而证明我刚才不仅一直在盯着她,而且对她的裸露感到不自在;或者目光在她胸部短暂停留后漫不经心地投向别处,仿佛她外露的乳房是世上最平常不过的景象;我还可以继续盯着那里,以这种方式诚实地告诉她,我是多么喜欢她展现出来的肉体;抑或是引用文学典故,告诉她卡尔维诺的《帕洛马尔》中就有一段描述裸胸女人的文字,以此转移她的注意力,化解我的尴尬。

但我哪个方案都没有选择,反而红着脸说:"嘿,你好。"她微笑着——我觉得她笑得有些羞涩——回应道:"嗨。"我点点头,想说些别的什么,却没有想出话题,只好又说:"你好。"话一出口我就惭愧得无地自容,因为我知道自己的反应蠢得令人难以置信。她见状笑出了声——小小的乳房随之颤动——对我说:"我要去游泳了。"刚走出几步,她又半转回身补充道,"你来吗?"

我跟在她身后向前走,看着她的腰背肌肉优美地紧绷起来,保持着脊柱的平衡。我们来到水边,海水温暖清澈,圆形的鹅卵石和游动的小鱼清晰可见。我们滑入水中,她的划水动作坚定有力,很快便游进海湾,踩着水等我跟上去,一时间我们都没说话,我感觉踢水时我们两个的腿经常会滑腻腻地碰在一起。"我觉得,"她终于开口了,"在同龄人里面,你是我见过的最有礼貌的人。""有礼貌?"我略感失望地问。她笑了。"我不是那个意思,"她解释道,"不是那种古板的礼貌,是对别人的尊重。你知道给别人空间,我真的很喜欢这一点,非常难得。"

我们继续面对面地踩水,我觉得她似乎在等待我回应,然而我早已言语无能,脑子全用在了考虑露出什么样的表情才不会被当成白痴。她转身朝岸边游去,头一直露在水面上,我在她旁边游着,最后终于战胜了打结的舌头,说:"我们回城里喝一杯怎么样?"她挑起眉毛,用一种听上去不同寻常的语调回答:"我很乐意,先生。"

在海滩上,她穿起一件男式衬衫,我仍然记得它是蓝色的,领尖有些磨损,她把毛巾和比基尼上装塞进一个包里。同伴们都不想加入我们,因为至少还要再晒一个小时的太阳。于是我们两人来到路边,乘上一辆巴士,和她并排坐着的时候,我很难不注意到她光裸的大腿和我放在腿边的手之间,只有不到一英寸的距离。

我得承认，在巴基斯坦待上一段时间，你会对女人的身体变得敏感。您不同意吗？您瞧，先生，刚才您警惕地注视着的那个男人现在还不时地回头看那些女孩呢，哪怕他已经走出五十码远了，但她们露出的不过是脖子、脸和手臂的四分之三！这就是所谓的"物以稀为贵，禁果格外甜"。而且，你的感官一旦被激活了，就很难继续麻木下去，那个夏天到希腊度假之前，我已经在美国待了四年，也经历过大学生之间通常会有的亲密接触，可我现在对女性裸露在外的肌肤依旧非常敏感。

为了防止自己继续不礼貌地盯着艾丽卡小麦色的四肢，我问她那件男式衬衫是不是她父亲的。"不，"她用拇指和食指捻着衬衫的布料说，"是我男朋友的。""啊，"我说，"我不知道你有男朋友了。""他去年死了，"她说，"他叫克里斯。"我说我很抱歉，告诉她那是一件很好的衬衫，克里斯的品位很好。她表示同意，还说他非常时髦，哪怕住院时也很讲究穿着，甚至迷住了护士。他是个帅哥，有种欧洲大陆的绅士般的优雅。

到了城里，我们在港口附近找了家露天咖啡馆，店里的桌椅上方撑着蓝白相间的阳伞。她点了啤酒，我也点了一样的啤酒。"巴基斯坦什么样？"她问。我告诉她，巴基斯坦很大很复杂，有海滨，有沙漠，还有河流和运河之间的农田。我对她说我曾经与父母和哥哥开车沿喀喇昆仑公路到中国去，途经的山谷底部海拔比阿尔卑斯山还高。我还告诉她因为穆斯林买酒违法，所以我让一个信仰基督的私酒贩子开铃木皮卡给我家送酒。她笑着听我讲述，似乎在咂摸了其中的味道之后，认为我的故事合乎她的口味。然后她说："你想家了。"

我耸耸肩，我的确经常想家，但那一刻我很喜欢我所处的环境。她拿出笔记本，本子是橙色软皮封面的，此前我见过她在休息时拿出它来写东西，她把这个本子和一支铅笔递给我，说："你们的文字是什么样的？"我说："乌尔都语类似阿拉伯语，但我们的字母更多。"她说："写给我看看。"我照做了。"很漂亮，"她看着我的眼睛说，"这是什么意思？""这是你的名字，"我回答，"这个，下面的这个，是我的名字。"

我们就这么坐着聊天，看太阳落下，她给我讲了克里斯的事。他们是一起长大的对门邻居，两人都没有兄弟姐妹，在初吻之前是最好的朋友，而他们的初吻是六岁时发生的事，直到十五岁才第二次接吻。克里斯有一套欧洲卡通书，他们很喜欢这套书，经常在家里一读就是好几个小时，两人还自己编书：克里斯画图，艾丽卡写内容。他们同时被普林斯顿大学录取，但克里斯没有入学，因为他被诊断出患了肺癌，可他一辈子只抽过一支烟，她微笑着回忆道，而且是在他收到活检结果之后才抽的。她把自己周五的课调换到别的时候上，这样就可以每周去纽约陪他三天。三年后，在她大三春季学期期末的时候，他去世了。"所以我也有点儿想家，"她说，"不过我的家是个手指细长瘦削的男生。"

那天晚上，我们和大家一起吃饭时，艾丽卡坐在我对面。查克把在座的每个人都滑稽地模仿了一遍，我觉得他把我模仿得有些夸张，不过也算抓住了其他人的特点，接着他绕着桌子转圈，让我们说说最想成为什么样的人。轮到我时，我说我希望有朝一日成为某个拥有核武器的伊斯兰共和国的独裁者，其他人全都目瞪口呆，我只好解释说我是在开玩笑。只有艾丽卡一个人在微笑，她似乎理解我的幽默感。

艾丽卡说她想成为小说家，她的创作课论文是一篇很长的小说，在普林斯顿校内还得了奖。她打算把它修改后寄给一些文学经纪人过目，看看他们的反馈。艾丽卡一般很少谈论自己，那天晚上说起自己的时候，她的声音低低的，视线不时地往我这边扫,让我觉得周围的同伴仿佛不存在,她好像只是和我一个人分享秘密。后来她还帮手忙脚乱的我剔掉了鱼肉里的鱼刺,我觉得我和她更亲密了。

但在希腊时我和艾丽卡并没有身体上的亲密接触,甚至连手都没拉过。不过她给了我她在纽约的电话号码,因为我们两人都要回纽约去,她表示愿意帮我在纽约安顿下来。我自然很高兴:我和我所倾慕的女人成了熟人,想必未来还有更多的惊喜在等待着我。

可那是什么声音?啊,您的手机响了!我从来没见过这种手机,我猜您拿的是无需通信信号覆盖就能使用的卫星电话吧?您不准备接吗?我向您保证,先生,我会尽最大努力不去听您打电话。您打算发短信?非常明智,大部分事情几句话就能说明白。您不妨慢慢斟酌措辞,我并不心急,而且还可以看看风景。毕竟国立艺术学院的那些女孩刚刚喝完茶,还得过一阵才会离开茶座,转过那边的街角,尽管她们迟早都是要离开的。

3

我们拉合尔的本地人非常珍惜最近几天的日子,因为春天马上就要过去了。阳光虽然挺晒,但依然带着暖洋洋的劲儿,也许能让我们两个放松下来。尤其是您,您看起来始终局促不安,希望您不介意我这么说,但我看到您时常紧张地四处张望,脑袋里仿佛有个滴答作响的闹钟,又像是一只远离自己巢穴、来到陌生环境的动物,不知自己是猎手还是猎物。

好啦,别老想着您是外国人,觉得别人都在看您,倒不如看看地上的影子是怎么变长的。您知道吗,他们很快就要关闭市场两头的大门,禁止机动车进入,把老阿纳卡里变成一条步行街。其实他们已经开始关了,警察会逮捕那些骑小轮摩托车的男孩吗?那就要看看能不能撵上他们了!那些小孩已经成功地逃走了,但在他们之后再也不会有人开着机动车经过了,因为大门已经上锁,门缝很窄,只够一个人钻过来。

您大概已经注意到，拉合尔的新街区根本没有照顾到那些必须步行的人的需要，尽管有开敞的公园和宽阔的林荫道，可交通规则还是按照乡村的传统来：走路的必须让着赶车的和骑马的。不过我们坐的这里，还有拉维河那边的更古老的街区——这些地方拥挤逼仄，组成了拉合尔市迷宫般的心脏——更具有城市化的民主气息。其实，假如您想开着汽车经过这些地方是不可能的，必须下车和大家一起走路。

有点儿像曼哈顿？是的，没错！正因为这个，去到纽约的我才出乎意料地体会到一种回了家的感觉，但还有别的原因：有些出租车司机也讲乌尔都语。与我在东村的公寓相隔两个街区的地方，有个叫"旁遮普的巴基斯坦佬"的熟食店，供应萨莫萨三角饺和鹰嘴豆泥。有一次街上有人游行，队伍穿过第五大道时，从南亚男女同志协会彩车上的扬声器里，我听到了一首歌，在我表哥的婚礼上，我曾经跟着这首歌跳过舞。

在地铁里，我的肤色并非最黑的，而是黑得刚刚好。走在街上，游客会向我问路。四年半的时间没能让我成为一个美国人，而一到纽约，我却瞬间变成了本地人。什么？我的声音有点儿大？您说得对，我对那个城市有感情，一说起它来就激动,我现在依旧很喜欢它,这很不寻常,您知道吗?因为我只在那里住了八个月就离开了。

当然,我初到纽约时的兴奋之情和安德伍德·桑森密不可分,记得去那里报道那天,我仿佛走进了梦境之中,他们的办公室位于市中心一座大厦的四十一层和四十二层,那座楼比拉合尔的任何两座建筑叠起来还要高。虽然我此前乘飞机飞越过喜马拉雅山,但从公司大厅向外看的感觉仍然令我震撼。我当时便意识到,这里和巴基斯坦是截然不同的两个世界,我脚下踩着的是人类迄今创造出来的最先进和最高端的技术文明。

在您的国家居留期间,这样的比较时常困扰着我,事实上不仅仅是困扰,还让我愤恨不平。四千年前,我们居住在印度河盆地的祖先已经建造了街道星罗棋布、排水系统交错纵横的城市,而美洲殖民者的祖先当时还是野蛮人。与过去的状况相反,现在我们的城市杂乱无章,卫生状况堪忧,而美国大学收到的个人捐款比我们全国的教育拨款还多。一想到这样的巨大差距,我就觉得羞愧。

不过那一天我并没有这么想。那一天,我不曾把自己当成巴基斯坦人,而是立刻以安德伍德·桑森的实习生自居,为我的公司那气派的办公室感到骄傲,真希望我的父母和哥哥也来看看!我呆呆地站在那里欣赏风景,但没过多久,我们这些新晋分析师就被人领进一间会议室参加任职培训,一位脸刮得干干净净、名叫谢尔曼的副总裁向我们展示了新团队应有的精神面貌。

"我们是一支精英队伍,"他说,"我们相信自己可以做到最好,你们是来自全国最好的学校的最佳人选,这就是你们来到这里的原因。但公司的精英团队也会招募新人,我们每半年会进行一次评估,你们的奖金和职位全部取决于评估结果,干得好有奖励,干得不好走人。就是这么简单。这次培训结束后你们就会知道第一次评估的结果。"

确实简单。我看看周围,想知道其他实习生的反应——除我之外一共五个人,其中四个正襟危坐,听得很认真。第五个家伙叫韦恩莱特,他看上去放松多了,手里转着钢笔,漫不经心的样子有点儿像《壮志凌云》里的瓦尔·基尔默。他靠过来对我耳语道:"第二名就得出局,伙计。""那你就危险了,冰人。"我模仿着海军飞行员慢条斯理的腔调对他说,然后我们两个相视一笑。

然而除了这种轻松的逗趣之外，工作可一点儿也不轻松。接下来的四周，我们每天都重复着同样的程序：上午开三小时培训会，包括学习商学院一整年的精选课程。给我们讲课的教授全部来自最著名的院校，比如教我们金融的一位女教授就来自沃顿商学院，我们的考试成绩也被详细地记录在案。

午餐在自助餐厅吃。我们一边吃着番茄干鸡肉卷，一边看着公司里的那些高级职员匆忙来去。饭后是熟悉各种操作软件（比如PowerPoint、Excel和Access）的计算机课，我们围成一个半圆坐着，听一位图书管理员模样的老师轻声软语地授课。韦恩莱特戏称这门课为"微软家族聚会"。

最后，傍晚的时候，我们被分成两个三人小组，进行谢尔曼所谓的"软技能训练"，包括真实情境中的角色扮演，比如和愤怒的客户、不配合的财务总监打交道什么的。我们学习如何判断他人的思维方式，摸清他们对各类事务的重视程度，据此加以引导利用，获得我们想要的结果，可谓是商界的脑力柔道大比拼。

我们的培训似乎让您印象深刻，当时的我也有同感，这种系统化的实用主义——对专业水准的追求——正是你们国家在众多领域取得成功的原因。在普林斯顿，学习中处处融汇着创造精神，在安德伍德·桑森，人们依旧重视创造的价值，但它的地位不及效率。我们讲求的是最大回报率，学习判断事务的优先顺序，制定能够实现收益最大化的策略，然后一心一意地执行计划，直至实现目标。

我的这些想法听起来可能很枯燥，但我刚刚接触高端金融行业时，并非没有乐趣，反而觉得很享受，干劲十足，看到了各种各样的可能性。比如，公司发给我一张信用卡，只要表面上与工作有关的餐饮和娱乐消费都可以报销，感觉真是太爽了，您肯定理解这种感觉，因为您来这里也是出差的。但对于当年只有二十二岁的我而言，这种体验前所未有。只要我愿意，可以下班后请同事喝酒，记在"新员工培训"的账上，毫无负罪感地在一个小时之内花掉比我父亲一天赚的还多的钱！

您大概能想象出，我们这些新员工是如何充分利用这些"培养"机会进行自我"培养"的。我还记得第一天晚上我们去了四十四街的罗亚尔顿酒吧，谢尔曼也去了，他点了一瓶陈年香槟庆祝我们加入公司。和大家碰杯的时候，我打量了一下四周的人：五位同事中有两名女性，韦恩莱特和我不是白人。然而我们的多样性仅止于外表：包括谢尔曼在内的每个人都来自顶尖名校——哈佛、普林斯顿、斯坦福和耶鲁;我们全身上下都散发着志得意满的气息,没有一个人是矮小或者肥胖的。

当时我突然想到——不,老实说,我是现在才想到的——如果我们像军人那样剃板寸、穿迷彩服的话,恐怕彼此之间区别不会太大。韦恩莱特可能也产生了类似的感想,因为他朝我挤挤眼,说(从后来发生的事情看,他的话很有先见之明):"要小心黑暗面,年轻的天行者。"他的怪癖是引用流行电影中的台词,很像我母亲喜欢引用菲兹[1]和加利卜[2]的诗歌。但当时我怀疑韦恩莱特引用这句《星球大战》的台词主要是为了开玩笑,因为他很快和我们一样开怀畅饮起来。

喝完香槟,谢尔曼就离开了,但走之前他告诉我们要尽情享受,所有费用都记在安德伍德·桑森账上。我们自然乐于照办,半夜时才踉踉跄跄地出来,走到街上。韦恩莱特和我拼了一辆出租车回城区。"嘿,伙计,"他说,"你打板球吗?"我问他为什么问这个。"我父亲很喜欢板球,"他说,"他是从巴巴多斯来的。西印度群岛对巴基斯坦的比赛,"说到这

---

[1] 菲兹·艾哈迈德·菲兹(Faiz Ahmed Faiz,1911—1984),巴基斯坦著名诗人。
[2] 米尔扎·加利卜(Mirza Ghalib,1797—1869),巴基斯坦著名诗人。

里,他哼起一首加勒比小调,接着说道,"那是我看过的最他妈棒的比赛。"我笑了起来。"八十年代的事了吧,"我说,"现在两个队都没那么好了。"

我们都饿了,于是我建议去"旁遮普的巴基斯坦佬"熟食店买东西吃。柜台后面那个男人认出了我,得知这是我工作的第一天,他免费招待我一顿早餐。"我的朋友,"他伸出双臂欢迎我。"贾纳布,"我点头道,"你从来都不回家吗?""还不到时候。"他说。"这次我一定要付钱,"我拿出信用卡,俯过身去,醉醺醺地用神秘的语气补充道,"我能报销。"他摇着头告诉我他很抱歉,如果我没带钱,可以以后再付,但他不接受美国运通卡。这时连疲惫不堪的出租车司机也忍不住笑了。

虽然我们讲的是乌尔都语,但韦恩莱特似乎明白了我们的意思。"我有现金,"他说,"这里的东西看起来很好吃。"我很高兴他能这么想。您在这里想必已经品尝过了我们的食物,它们是拉合尔人的骄傲。我们还认为,如果别人请你吃饭的话,说明你们之间建立了友谊,此后就不必斤斤计较。过了十五分钟,韦恩莱特舔着手指头,用最后一小块食物擦起了碟子,我知道自己在办公室里找到志趣相投的人了。

可您为什么往后缩呢？没错，这是个特别不幸的乞丐，不清楚是什么变故让他如此落魄，他靠近您是因为您是外国人，您能给他点儿什么吗？不行？非常明智，不能惯着乞丐，您是对的，还不如把钱捐给能真正解决贫困问题的慈善机构呢，他的境况只是贫困问题的一种表象而已。我在做什么？我准备给他几个卢比，当然，这样很蠢，可是我已经习惯了，没办法。瞧，他还为我们祈祷了呢，现在他走啦。

刚才讲到韦恩莱特，接下来的几个星期里，他显然很想在评估中拔得头筹。我们这一批接受培训的分析师都是天生就争强好胜的人，而且，只有取得好成绩才能得到安德伍德·桑森的重用。韦恩莱特亲切随和，喜欢开玩笑，所以几乎是人见人爱。但我也很肯定他非常有才能：他撰写的报告条理极为清晰，在人际互动训练中表现出色，而且具有判断商业案例中各类要点的本能。

希望您不会觉得我骄傲自大，因为我要告诉您，我在这群人中也是佼佼者。在足球队的时候，我就学会了如何同时做到自我克制和锐意进取，用果决而不是好斗来取得成功。怎么做到的？好吧，首先是努力工作，我怀疑我是最努力的一个:每天晚上只睡几个小时,上每节课的时候都格外地全神贯注,老师们经常赞扬我的毅力。而且,虽然我恭敬有礼、一本正经的天性有时可能不受同龄人的欢迎,但在工作中却让我如鱼得水。

后来我也思索过,公司里的前辈们为什么会那么喜欢我的举止。也许是因为我说话的方式:和巴基斯坦一样,美国毕竟是英国的前殖民地,你们国家的人很容易把我这种带英国腔的口音和财富、权力什么的联系起来。抑或是我在这个等级分明的环境中做到了尊敬他人,又保持自尊,而美国年轻人从未接受过这方面的教育,和巴基斯坦人很不一样。无论出于何种原因,我都感到外国人的身份给我带来了一定的优势,我也在努力使这种优势最大化。

一年一度的夏季派对到了,我们被分成两个三人小组,这次分组证明了我对韦恩莱特和我自己的高度评价是正确的:第一组包括韦恩莱特和我,我俩和招募了我们的总经理吉姆共乘一辆豪华轿车。第二组则由副总裁谢尔曼带队,谢尔曼在安德伍德·桑森的资历远不如吉姆。鉴于公司的每项安排都不是任意而为,所以我们明白这是一个信号。

我们的豪华轿车上还有几位业务合伙人和一位属于吉姆团队的副总裁，大家开始互相聊了起来，但这个"大家"并不包括吉姆和我。吉姆静静地聆听别人的谈话，然后朝我这边瞥了一眼，我只得移开视线，才不会让他发现我刚才在观察他。然而他始终用那双坚定而有穿透力的眼睛打量着我，最后他终于说："你是个警觉的人，你知道这是为什么吗？"我摇摇头。"因为你觉得自己和环境格格不入，"他说，"相信我，我理解你的感受。"

派对在吉姆位于汉普顿[1]的家里举行，他的豪宅让我想起了《了不起的盖茨比》。房子盖在海边的山坡上，与海滩相隔着一道起保护作用的沙丘。庭院中有游泳池、网球场，草坪尽头还有一座开放式的白色凉亭，供人们喝酒跳舞。我们抵达时，摇摆乐团开始演奏，我闻到烤架上的牛排和龙虾的味道。韦恩莱特似乎很适应这种场合，只见他挎着一位合伙人的胳膊，两人很快跟着音乐跳起了舞，其余人则端着鸡尾酒站在远处观望。

过了一会儿，我走出亭子呼吸新鲜空气，太阳已经落山，

---

[1] The Hamptons，位于纽约长岛，在其东端有许多豪宅。

我看到远处的房子透出灯火，点点亮光勾勒出海岸线蜿蜒的轮廓。涌上沙滩的浪花仿佛在窃窃私语，让我回想起不久前的希腊之旅。过去，大海对我来说总是遥不可及、深不可测、险象环生，然而现在它却成了我生活的一部分。自四年前离开拉合尔以来，我的变化竟然如此之大！

"我还记得我进入安德伍德·桑森后的第一个夏季派对，"一个声音在我背后说道，我转身一看，原来是吉姆，他接着说，"那个晚上也像今晚一样精彩，有烤肉和音乐。不知怎么让我想起普林斯顿，还有我初到那里的感觉，我那时大概做梦也想不到自己会在汉普顿安家。"我笑了，吉姆似乎读得懂我的心事。"我明白你的意思。"我说。吉姆的目光飘向了远处的海面，我们默默地站了一会儿，然后他说："你饿吗？""没错。"我回答。"很好。"他赞许地说，还用手掌边缘敲敲我的肩膀。做完这个古怪且意味不明的动作，他领着我回到室内。

那天晚上，我不由自主地盼望艾丽卡也能到场。您想知道她怎么样了？我当然不会忘记给您讲的，因为她是我纽约生活的重要组成部分，我很快会提到她。那一刻我只想着吉姆的房子有多么豪华，恐怕连艾丽卡看了也会印象深刻。当然，后来的事实证明，这只是我一厢情愿的想法。

一个星期后，分析师培训的计划结束时，吉姆把我们一个接一个叫进他的办公室。"那么，"他问我，"你认为你干得怎么样？""很好。"我回答。他笑了。"你比很好还要好，"他说，"你是全班第一名。你的导师们说你很有战斗精神。别为此害羞，反而要发扬它，它会给你带来远大的前途。"我受宠若惊，却不知道该说什么。"我手头有个项目，"吉姆继续说道，"音乐行业的，在菲律宾。你想试试吗？""当然想，"我说，"谢谢你。"

离开吉姆的办公室，我发现韦恩莱特在外面等我。"这次我得了第二，"他微笑道，"我猜你是第一，看你的高兴劲儿，我觉得我猜对了。""我是运气好，"我说，"你只是没那么走运而已。"他搂着我的肩膀说："你得请我喝一杯。"

没错，那一刻我的确兴高采烈，仿佛沐浴在满满的成就感之中。什么都不会让我烦恼，我是个年轻的纽约人，整个城市在我脚下，然而后来的变化简直太快了！我的世界似乎瞬间变了模样，就像我们眼前的这个市场，您瞧见他们把桌子搬到街上的速度了吗？这儿刚才还有许多机动车，现在却满是走路的人，初来乍到的人还以为老阿纳卡里市场一天到头总是这个样子呢。可是我们，先生，在这里坐了一段时间，我们知道其实并不是这么回事，对吧？没错，依我看，对环境的变迁有所了解之后，我们才会对当下的景象产生更深刻的认识。

*4*

我发现您注意到了我前臂上的伤疤，您瞧，这里的皮肤比周围的深，也更光滑。有人说像绳子勒的，还有一些喜爱运动的朋友说，这很像绳降或者登山时留下的勒痕。也许您也想到了这一点，因为我看到您的表情变严肃了，似乎想不通我这个来自平原地区的家伙怎么会参加这样的活动。

请放心，我这道伤疤的来历其实很普通。我们国家有种现象，您应该不会熟悉这种现象，因为您的国家物质丰足。到了冬天，巴基斯坦的水库会变干，大坝缺少发电的水，导致电力不足，只好采取分区停电的对策，我们称其为"减载"。为了不影响正常生活，各家各户都备足了蜡烛。我小的时候，有一次减载时我去抓蜡烛，不小心把它碰翻了，蜡油流到了身上。换作你们美国人遇到这种情况，一定会锲而不舍地起诉蜡烛生产商，控告他们使用熔点如此之高、如此危险的蜡烛材料。然而，在我们这边，孩子被蜡油烫到的后果无非是大哭一晚上，留下一道笔直得出奇的淡色疤痕而已，就像您今天见到的这个。

啊，他们打开了市场上方的装饰灯！有点儿华而不实？没错，您说得对，换作是我，会选颜色不那么鲜艳的，可是您瞧瞧那些看灯的人笑得多么开心！尽管现在已经是二十一世纪，在这样一个繁华明亮的大城市，日光退场后，人造光源竟然可以营造出这样的艺术效果，直接触动人的情绪，实在是不可思议。我记得每逢圣帕特里克节，纽约帝国大厦被灯光映照成绿色时，是何等的美丽。还有悼念弗兰克·西纳特拉[1]时笼罩大楼的淡蓝色光影，纽约的确拥有世界上最动人的景致。

我还记得我最初几次夜游曼哈顿的时候，艾丽卡经常会作我的向导。从希腊返回后不久，她邀请我到她家吃晚餐，我花了一整个下午来选择赴约穿的衣服。我知道她家里很有钱，想尽量在衣着上和他们接近，显得既讲究又休闲。穿套装太正式，我那件西装外套还算不错，但已经穿了好几年，似乎有点儿寒酸。最后，我决定利用世界各国的礼仪规则中共有的对

---

[1] 弗兰克·西纳特拉（Frank Sinatra，1915—1998），美国著名的歌星和影星。

民族服装的尊重,穿一件浆洗过的白色精梳棉印度无领长袖衬衫,腿上则是牛仔裤。

那些天里,穿着这身衣服坐地铁时,我没有感到任何不自在,这充分证明了纽约是个开放宽容的大都市——尽管这些形容词已经过于老套。事实上,除了一位同性恋男士彬彬有礼地朝我露出含有邀请意味的微笑之外,根本没有人格外注意我。从地铁六号线出来,我来到七十七街,这儿是纽约上东区的心脏,分布着可爱的小餐馆和精致的专卖店,时常有穿超短裙的迷人女士牵着娇小的宠物犬经过。虽然我以前从未来过这里,却觉得非常熟悉,后来我才意识到,这是因为许多电影都是在这里取景的。

艾丽卡的家在一座气派的建筑里,楼顶有个蓝色的穹顶,门房是个老头,脸上挂着冷漠轻蔑的表情。假如我开着一辆生锈的小汽车路过拉合尔的那些大宅院门口,看门人也会摆出这样一张脸来。当然,我对他报以同样的冷漠和傲慢,同时又得小心拿捏语调,既要表现出我的不满,还要让他明白,对于他的态度,我根本不屑于计较。这一套果然奏效,他立刻打电话上楼,询问主人是否应该放我进去。得到肯定的回答后,他亲自领我进了电梯,告诉我应该按下顶楼套房的按钮。"顶楼套房"对我而言是奢华的代名词,没错,我还因此产生了一些有关色情的联想[1]。我就这样满怀憧憬地来到艾丽卡的家门口,没等我敲门,门就已经开了。

艾丽卡微笑着请我进去,晒成棕色的皮肤焕发着健康的光泽。那时我已经忘记她的美是多么惊人,因此再次见到她时——尤其还是在门廊这种相对狭窄的空间——她的光芒逼得我垂下了眼睛。"哇,"她说,指尖掠过我衬衫上的刺绣,"你看上去棒极了。"我表示她也是,虽然她只是随意地穿着一件印着大力鼠图案的短款T恤,不像我在着装上绞尽脑汁,但这是我的真心话。她说要给我看点儿东西,我跟着她来到她的卧室。那里大约有我的单间公寓的两倍大,地上堆着好几箱大学课本,书桌上摆着电脑和激光打印机,一张很大的床上铺着许多衣服,天花板上挂着一只搏击沙袋。总之这是个很有生活气息的房间,待在里面一定不会无聊。

我产生了一种奇特的感觉,仿佛回到了我自己家一样。也许这是因为我最近一直居无定所,从一个宿舍搬到另一个宿舍,所以不由自主地怀念起过去的安稳日子;抑或是因为我想

---

1 penthouse,顶楼,美国色情杂志《阁楼》亦用此名。

家了,怀念居家生活的舒适,几代人住在一起的温馨,而不是那种小家庭各自关起门来过日子的状态;又或者因为这是纽约上东区豪华套房里的一间宽敞卧室,用美国人发明的术语来讲,它的社会经济学价值,等同于拉合尔市古尔堡区的大宅里一间宽敞的卧室,和我小时候住的那间差不多。无论如何,这种感觉让我不由自主地微笑起来,看到我的笑容,艾丽卡也朝我微笑,同时举起一只细长的棕色包裹。

"完成了。"她郑重地说。我等着她进一步解释,可她没再说话,于是我问:"什么完成了?""我的稿子,"她说,"我明天就把它寄给经纪人。"我敬重地双手接过包裹,捧在手中。"祝贺你。"我说,意识到包裹很轻,我又问她,"这是全部稿件吗?"她点点头。"其实是个中篇,没有那么长。"她说,"但是读者可以有更多的回味空间。"我把包裹翻过来,端详着它的质地,连捆扎包裹的胶带和它表面的一处凹陷,都让我觉得很有意思。"你紧张吗?"我问她。"与其说紧张,更像是觉得空落落的,"她说,"我就像一只牡蛎,被我壳里面的一颗小沙粒折磨了很久。为了感觉舒服一点儿,我努力把它变圆,结果它慢慢地长成了一颗珍珠。最终把它取出来之后,我才发现身体里留下了空洞。你知道吗,我心里仿佛出现了一个小坑,所以我很想让它在原来的地方多待一会儿。""那为什么不让它多留一会儿呢?"我把包裹还给她。"我已经留过了,"她又微笑起来,"我们去希腊之前,它就已经在这只信封里了。"

见她如此信赖我,我感到荣幸又开心。我看着她的眼睛,第一次发现她的目光深处有种破碎的东西,仿佛钻石上出现了微小的裂痕,只有用放大镜才看得见,平时则是一块光华璀璨的宝石。我想知道那东西是什么,什么使她创造出了她所说的珍珠。然而如果直接询问的话有鲁莽之嫌,倾诉的时机和对象,还是应该由她自己来选择。于是我没有多说,只是用表情让她知道,我非常想要理解她。

离开她房间的时候,我注意到墙上挂着一幅素描,画的是暴风雨中的一座热带小岛。岛上有一条飞机跑道和一座陡峭的火山,火山口里有个湖,湖里面有个更小的岛,这座岛中之岛在火山口的荫蔽下显得异常平静。"这是什么?"我问。"克里斯画的。"她说,"我们八九岁的时候,他受到了《丁丁历险记之714航班》漫画的启发。""太美了。"我说。她点点头。"是的,"她说,"非常美。整理他的遗物时,他母亲把它给了我。"我又盯着画看了一会儿,被铅笔错杂繁复的笔触所吸引,它对细节的关注(当然风格和题材另当别论)让我想起我们的袖珍画。您可以转过那个街角，去拉合尔博物馆或者国立艺术学院参观这种类型的画作。

艾丽卡领着我来到楼顶的露台，那里如同城市中的鹰巢，站在露台上俯瞰曼哈顿，各处壮观景致一览无余。她把我介绍给她的父母，她母亲坐在一张乒乓球桌边，桌上铺了桌布，摆着四套餐具。她握着我的手问候了我，然后继续拉着我的手，对艾丽卡赞许地补充道："很不错呀。""好啦，妈妈。"艾丽卡说。她父亲站在烤架旁，正在把汉堡放进盘子里，从风度举止来看，他显然在大公司中身居要职。大家落座后，他拿起一瓶红酒问我："你喝酒吗？""他已经二十二岁了。"艾丽卡的母亲替我回答，言外之意是"他当然可以喝酒"。"有个巴基斯坦人为我工作过，"艾丽卡的父亲说，"他从来不喝酒。""我喝，先生，"我对他说道，"谢谢你。"

您似乎有些困惑，而且您不止一次地露出过这种疑惑的表情，也许是我的大胡子让您产生了误解。应该澄清的是，我在纽约时并没有留胡子，许多巴基斯坦人的确也喝酒，酒精在我们国家大概就像大麻在你们国家一样屡禁不止。此外，不是所有喝酒的巴基斯坦人都像我一样接受过西方教育，我们的报纸上经常有村民因为饮用劣质私酿酒，造成死亡或失明的报道。而我们的诗歌和民歌始终将醉酒视为爱情的催化剂和灵感的源泉。什么？这是一种罪过？没错，它是罪的一种，和"不可贪恋人的妻子"[1]一样。我看到您笑了，看来我们是可以彼此理解的。

不过我跑题了，刚才说到我和艾丽卡的家人第一次吃饭，那是一个温暖的夜晚，像今天一样，纽约的夏天和拉合尔的春天差不多。夜风像现在一样微微吹拂，送来了烤肉的香气，您现在闻到的是这个市场里面那些露天排档准备食物的香味。那天晚上的环境无与伦比，红酒好喝，汉堡美味多汁，我们的谈话绝大部分都很愉快，我的到来让艾丽卡很开心，她的快乐也感染了我。

不过我记得交谈中我的感觉一度变得很不好，当时艾丽卡的父亲问我家乡的情况怎么样，我回答说很不错，谢谢你。他说："但经济状况很差，对不对？贪污腐败、政治独裁、富人过得像王公贵族，其他人却在水深火热中挣扎。但你们的人民很朴实，请不要误会我，我喜欢巴基斯坦人。但精英阶层已经彻底把持了你们国家，对吧？还有伊斯兰基要主义。"

---

[1] 语出《圣经》十诫，其中第十条是"不可贪恋人的房屋；也不可贪恋人的妻子、仆婢、牛驴，及他一切所有的"。

我觉得很愤怒,尽管他的话里没有半点儿挑衅的意思。没错,他说的是事实,大概是读了《华尔街日报》的新闻标题总结出来的观点,我最近才开始读这份报纸。但他的语气,请您原谅我,他的语气有一种典型的美国式的居高临下,正是这样的态度惹恼了我,只是出于礼貌我才没有顶撞他。"是的,先生,当然会有许多挑战,但我的家在那里,我可以向你保证,情况并没有那么坏。"

幸运的是,除了这段插曲之外,晚餐的其余时间里大家相安无事。此后艾丽卡和我乘出租车去了切尔西,那里有家当代艺术画廊,画廊老板的女儿是她的朋友,这位朋友邀请她参加一场展览的开幕派对。我听到出租车司机用旁遮普语打电话,从他的口音判断出他也是巴基斯坦人,一般情况下我都会和偶遇的巴基斯坦同胞打招呼,然而那晚我却没有。察觉到这一点,艾丽卡十分好奇地看了我一会儿,最后她终于说:"希望你不要再为我爸爸说的话苦恼。""苦恼?"我说,"当然不会,我一点儿都不苦恼。"她笑了。"你一点儿都不会撒谎,"她说,"你对自己的出身非常敏感,从你的脸上就能看出来。""那么我道歉,"我说,"我不应该这么粗鲁。""你从来都不粗鲁,"她微笑道,"而且我觉得敏感有时候是好事,说明你在乎。"

我们在西二十四街下了车，我执意付了车费，艾丽卡拉着我的手，领着我走进一座不起眼的建筑，那是一座后工业风格的破旧楼房。一进去我就听到了音乐，走上几段楼梯后，声音越来越响，最后我们推开一扇防火门，彻底淹没在音浪之中。这个画廊很大，基调是白色的，点缀着干净的线条和极简主义的装饰，视频的投影照射在面目空白的人体模特头部，我意识到自己被领进了一个圈内人的世界——这个城市的时尚最前沿。如果没有艾丽卡，恐怕我永远无法得到这样的机会。我们从那些时装模特、棕褐色皮肤的老人、奇装异服的艺术家身旁走过，我很庆幸我穿了民族风格的印度无领长袖衬衫。

艾丽卡很快被一群朋友包围了，这些人我以前都没见过。我像在希腊时那样，看着她把众人吸引到自己身边，如同吸引我们那个小团体一样。但这次情况有所不同，这一次她带着我，那个晚上，她不时通过瞥我一眼、给我一杯饮料、碰碰我的手肘的方式确认我在她身边。几个小时后，当她亲吻我的脸颊，我为她扶着送她回家的出租车车门时，我感觉我们仿佛共度了一个亲密的晚上，尽管我们在派对上并没有说多少话。或许她也有同感，因为在那一刻，她说："谢谢你。"我吃了一惊，认为我应该感谢她才对，然而我还没来得及这么说，她就关上车门离开了。

接下来的几周,她几次邀我参加各种场合,但和那次我去到她的房间、与她共乘一辆出租车的晚上不同,我们再也没有单独相处过。无论是去下东区观看小型音乐表演,到米特帕金区的法国餐厅吃饭还是参加翠贝卡区的顶楼派对,都有其他人在场。我经常不由自主地看着或站或坐、周围环绕着熟人的艾丽卡,这些时候她时常沉浸到自我的思绪中去,似乎别人的存在是她抽身的理由,她可以借机向自己的内心深处后退半步,就像那种只有开着门亮着灯时才睡得着的小孩。

有时,感应到我的目光,她会朝我微笑,仿佛她刚从寒冷的户外回来,而我给她围上了一条披肩。虽然在这几次外出中我们只是简单地开过几句玩笑,可我觉得我们的关系更亲近了。晚上道别时,她会亲吻我的脸颊,我觉得她亲吻的时间每一次都比上一次更久,后来她的吻长到我能捕捉到她散发的一缕香气和嘴角流泻的淡淡温柔。

我的耐心在我去马尼拉之前的那个周末得到了回报。艾丽卡邀我到中央公园野餐,我发现去的人只有我们两个,那是纽约七月下旬的午后,天气宜人,来自大西洋的强风把树木吹得膨胀起来,云朵在天上竞相追逐。您很熟悉这幅情景?没错。湿气被吹得无影无踪,中央公园这片城市绿肺吸饱了凉爽咸涩的海洋气流。艾丽卡戴着一顶大草帽,挎着一个柳条篮子,里面装着红酒、现烤的面包、肉片、好几种芝士和葡萄,味道自然很美,可是在我看来有点儿过于丰盛了。

我们懒洋洋地半躺在草坪上边吃边聊。"拉合尔的人也出来野餐吗?"她问我。"夏天不常见,"我告诉她,"日头太毒,就算有人坐在外面,也只是聚在阴凉的地方。""这么说,你肯定不熟悉我们这样的野餐。"她说。"我并不觉得陌生,"我说,"这让我想起我和家人去喜马拉雅山麓的纳西亚加里消夏的时候,我们经常把旅馆准备的茶和黄瓜三明治带到户外去享用。"听到这里她会心一笑,然后又若有所思地陷入了沉默。

"我好久没这样了,"过了一会儿,她告诉我,"以前克里斯和我常来公园,带着野餐篮子,看书、闲逛,几个小时很快就过去了。""是不是他去世以后你就没有再来?"我问。"是的,"她边答边摘下一朵雏菊,"很多事我都没再做。有一阵子我不和别人说话,也不吃东西,最后进了医院。他们让我不要胡思乱想,给我开了药,我妈妈请了三个月的假,因为我没法照顾自己。但我们没把这事张扬出去，九月的时候我又回了普林斯顿。"

她就说了这么多，语气平常，甚至称得上平静。但我再次瞥见了她内心深处的那道裂痕，而且比以往清晰得多，这让我产生了一种过去只对亲人才有的柔情。起身离开时，我把胳膊伸给她，她微笑着挎住我，然后我们两个慢慢走出了中央公园。我清楚地记得她靠着我时皮肤凉爽光滑的触感，我们以前从来没有这么长时间的身体接触，她的身体给我带来的感觉非常强烈，它属于一个饱经伤痛的人。直到几周之后，在马尼拉的旅馆房间里，我还会时常梦到这种感觉，每次惊醒时，简直像被幽灵触碰了一样。

真不走运！灯全灭了，可您为什么跳起来呢？不要惊慌，先生，我刚才提到过，停电在巴基斯坦很常见，您反应过度了。其实天不是太黑，还有一丝光亮，我可以清楚地看到您一手插兜站在那里，我向您保证：没人打算偷您的钱包。与其他同等规模的城市相比，拉合尔的小偷小摸实在少得惊人。请您务必坐下，我恳求您，否则我只能陪您一起站着了。客人感到不自在的时候，我怎么能悠闲地坐着呢？

啊，灯又亮了！谢天谢地，不过是暂时停电而已，您刚才跳起来的样子就像被老鹰的影子盖住的老鼠！如果可以，我真应该给您一杯威士忌压压惊，杰克·丹尼[1]? 对吗？您笑了，看来您喜欢这种酒。可惜这个市场上找得到的美国饮料只有汽水，汽水也行？好的，我马上叫侍者过来。

---

[1] 一种美国威士忌酒，也是世界十大名酒之一。

*5*

您瞧，先生，蝙蝠飞到这个广场的上空了，吓人！对不对？我已经许多年没听到别人说这个好玩的美国词了！但我不觉得它们吓人，其实我很喜欢蝙蝠，它们让我想起小时候，我们在我祖父的泳池里游泳，蝙蝠会从半空中猛扑过来，大概把我们当成了青蛙。那时拉合尔还有比蝙蝠更大的夜行生物，我父亲叫它们"飞狐"，我们晚上开车沿着摩尔路回家时，可以看见它们倒挂在最古老的大树的树冠上。现在已经见不着了，也许它们像蝴蝶和萤火虫那样，属于一个没有污染和交通拥堵的更梦幻的世界，如今只能在乡下偶尔发现它们。

不过蝙蝠的确是这里的幸存者。它们在城市中生活得很自在，如你我一般，动作敏捷到不易被人察觉，又精明谨慎到可以在稠密的人群中捕猎。它们在城市中穿梭飞行的能力也让我惊叹，无论多么贴近那些建筑，都不会撞上去，而蝴蝶却经常撞到高速驶过的汽车的挡风玻璃。有一次我见到一只萤火虫反复地往一座房子的窗户上撞，它根本不明白有块玻璃挡住了自己的路。也许飞狐缺少的是蝙蝠那样的雷达或者灵活性，所以才会一头撞死在拉合尔的那些拔地而起的写字楼和购物中心的外墙上——这些大楼比以前的建筑都要高。如果真是这个原因，纽约——甚至马尼拉——的飞狐一定早就灭绝了。

当我抵达菲律宾，开始我在安德伍德·桑森的第一项工作时，我激动极了。我们坐的是头等舱，我永远忘不了那种感觉：穿着笔挺的西装，斜靠在座位上，漂亮而又卖弄风情的——没错，厚颜无耻的我就是这么想的——空中小姐给我端来了香槟。我觉得自己变成了詹姆斯·邦德，只不过更年轻、肤色深一些，而且赚得更多。现在想起这些，实在有点儿不可思议，谁能料到我当时那种志得意满的感觉后来消失得如此之快！

这些都是后话，刚才讲到我去了马尼拉，您到过东方吗，先生？您到过！对一个美国人来说，您去的地方还真不少，当然，与任何一个国家的人相比，您在这方面也算厉害的。我现在对您的职业越来越感兴趣了，我相信您会在适当的时候告诉我的，而现在您似乎想先听我说下去。既然您到过东方，就不需要我给您解释东半球目前正在发生的那些翻天覆地的变化了。此行之前，我期待看到的是拉合尔或者卡拉奇那样的城市，然而马尼拉却是个摩天大楼林立、高速公路纵横的地方。没错，那儿也有贫民窟，从机场出来的高速路旁边就有，而且面积巨大，有人还穿着肮脏的白背心，无所事事地躺在汽修店门口。这些景象拍成电影的话，简直是二十世纪五十年代那部美国片《油脂》的穷人版。但马尼拉奢侈华丽的天际线和高墙围护的超级富豪王国，是我在巴基斯坦不曾见过的。

我不愿进行这样的比较，接受纽约比拉合尔富有相对容易，而承认马尼拉超越了拉合尔则很难。好比一位以为自己的成绩还不错的长跑选手，跑着跑着回头一看，却发现身后没剩多少人，原来自己已经落在了队伍的末尾。也许正是出于这个原因，我在马尼拉做了我从未做过的事：在自尊允许的范围内，让我的言谈举止尽量表现得像个美国人。与我们共事的菲律宾人看上去很尊敬我的美国同事，几乎不假思索地认可了他们是全球行业领导者的地位，我也希望得到我应得的那份敬意。

因此我学会了支使年龄和我父亲差不多的行政人员"我需要这个，现在就要"；学会了面带微笑插队，仿佛拥有治外法权；当别人问我来自哪里，我会回答"纽约"。您问这些事是否让我感到烦恼？当然，先生，我经常觉得惭愧，但我没有表现出来。无论如何，我确实拥有许多值得自豪的东西，例如我在工作方面的天分，同行对我业绩的评价还是相当高的。

我刚才说过，我们在马尼拉的工作是对一家唱片公司进行业务评估。公司老板是当地音像行业的传奇人物，当他摘下墨镜，可以看到他眼神涣散，似乎是长期服用迷幻剂所致。尽管私生活不堪入目，他依然有能力成功签下为两大国际音乐巨头制作和发行CD的外包生意，这些订单的利润十分丰厚。他号称自己的业务是东南亚地区最大的（盗版、下载和来自中国的竞争除外），而且仍在以健康的速率不断增长。

为了确定他的公司到底值多少钱，我们日以继夜地工作了一个多月，约见了供应商、公司雇员和各类领域的专家；和会计、律师关起门来一忙就是好几个小时；我们收集了千兆字节的数据，将各种业绩指标与基准指数进行了对比；最后，我们构建了一个包含无数种排列的复杂的财务模型。虽然大部分时间都花在电脑前，但我也会拜访工厂和音像店，外出时我感到干劲十足，因为我知道我的团队正在塑造未来。这些工人会被解雇吗？这些CD会转给别的公司生产吗？我们——当然是间接的——将帮助客户作出决定。

然而有时我会感到迷惘。有一次我记得特别清楚，因为交通堵塞，我和同事乘坐的豪华轿车滞留在路上无法移动。我朝窗外望去，发现几英尺之外有辆公交车，司机回头看了我一眼，他的表情中有种不加掩饰的敌意。我不知道这是为什么。我们素不相识，不过是在路上偶然遇到，几分钟后很可能再也不见，然而他的嫌恶非常明显、强烈，仿佛能钻透我的皮肤，最后把我惹恼了，我也开始瞪着他。您来这里以后可能注意到了，拉合尔的人很不喜欢被人家盯着。我就这么一直和他对视，直到公交车前面的汽车开动，他不得不扭回头去看路为止。

后来我反复思索他为什么要这样，我想也许是因为他妻子刚刚离开了他，也许他痛恨我的西装和豪车所代表的特权，也许他只是不喜欢美国人。这件事困扰我的时间比我想象得久很多，综合各方面的因素分析，我认为我们可能都有一种"第三世界的敏感"，这是我们潜意识的出发点。此后一位同事问了我一个问题，当我准备回答他的时候，发生了一件非常奇怪的事情。我看着他的金发碧眼，想起他对各类工作细节的执着，突然很想对他说"你真是个外国人"。那一刻我感觉自己和那个菲律宾司机的距离更近，我所做的一切似乎都是演戏，在现实中我应该从哪里来就回哪里去，像外面大街上的人那样。

当然我什么都没说，但那天晚上我被这一系列的事件——或者说印象，因为它们还算不上事件——烦得睡不着觉。幸运的是，我们的工作强度是失眠的天然克星。第二天我在办公室忙到凌晨两点，回到宾馆房间后，我像个婴儿那样睡着了。

我在马尼拉从七月下旬待到九月中旬，每个星期都会和拉合尔的家人通电话，也会在网上和纽约的艾丽卡联系。由于时差的关系，她早晨发的消息我看到时已经是晚上了，所以每天睡前我都期盼着阅读和回复她的信息。虽然她的邮件总是短短几句，至多一两段，但她尽量做到了言简意赅。例如其中一封：

C，我在汉普顿，今天和朋友们去了海边。我独自散了步，发现一个小石潭，你喜欢石潭吗？我喜欢，每一处都像个小世界，完美自足，清澈透明，时间仿佛静止。涨潮时海浪漫过水面，退潮后石潭宛若新生，其中还有潮水退去后留下的小鱼。散步回去时，大家问我去了哪里，我这才发现整个下午已经过去,真是梦幻般的体验,这让我想起了你。E。

这样的几句话能让我振奋好几天。您或许觉得我在夸张,但您要理解,在拉合尔,至少在我上中学的时候——当然,和别的地方一样,现在我们这里的年轻人开放多了——年轻人发展恋爱关系无非是打个电话、托朋友带几句口信,约会见面的成功率很低。许多家长非常严格,有时候一连几周都见不到我们臆想中的女朋友一面,所以我们学会了享受单相思的乐趣。你们美国人恐怕根本理解不了!我自己单靠这种电子邮件的喂养,能兴高采烈地过上许多天。

不过我当然渴望再次见到艾丽卡,因此项目结束时我非常兴奋。这时吉姆也飞到马尼拉,他对我们的工作成果十分满意,还和我一起喝酒。"昌盖兹,"他指着我们下榻的高级宾馆——马卡提·香格里拉大酒店——说,"这些你都习惯了吧?""当然,先生。"我回答。"大家都说你很了不起,"他顿了顿,想看看我的反应,看到我微笑起来,他继续说道,"不过你工作太拼了,你可不想一下子把精力全透支了吧?""请放心,"我说,"我休息得很充分。"他挑起眉毛,哈哈大笑。"我喜欢你,你知道吧?"他说,"真的,我并没有胡说,也不是在哄小孩。你是条鲨鱼,这是褒义词,我刚进公司时别人也这么说我。一条鲨鱼，游起来就没停过，而且是头脑冷静的猎手，我觉得世界上的其他东西都是我的猎物。因此我不属于这个世界，但我从来没表现出来，和你一样。"

虽然这不是吉姆第一次对我说这样的话，但我总是不知道如何回应。他这种把对方也牵扯进去的坦诚，用打板球的行话来说，就是个难接得要死的球。表示反对就是看不起他，表示赞同等于承认了你自己有罪。于是我小心翼翼地说："你为什么不属于这个世界？"他又露出那副似乎已经看透了我的笑容："因为我是在另一边长大的。我的前半生一直是那个趴在糖果店橱窗外面往里看的小孩。从电视上看，美国的穷人似乎没有多么贫困，但我穷得走投无路。我爸是得坏疽死的，所以我比任何人都清楚穷困的难处。你明白我的意思吗？"

我回味了他的话。我告诉过您，我不是在贫困家庭长大的，但我一直像穷孩子那样有所期待。区别在于他们想要他们从未拥有的东西，而我想要我们曾经拥有的东西。我的一些亲戚就像无家可归者做梦都想中彩票那样，抱着"曾经阔过"的回忆不放。怀旧是他们的高纯度可卡因，而这种怀旧瘾带来的后果在我的童年时代随处可见：还不起债、争夺遗产、酗酒或者自杀。在这方面，吉姆其实和我很相似：他在糖果店外面长大，我则是在一家正在关门的糖果店的门槛上长大的。

团队的其他成员也来酒吧加入我们，但吉姆始终把胳膊搭在我的椅背上，仿佛让我置身他的羽翼之下。这种感觉很不错，当我看到酒店的工作人员回应他的时候，甚至感觉更好了。他们显然看出吉姆是个举足轻重的人物，极力讨好他。在座的只有我不是美国人，但我怀疑，我的西装、公务信用卡——最关键的是我的同伴——弱化了我的巴基斯坦身份。

但是……我想我得暂停一下，因为我接下来要讲的可能会让您不舒服，所以先提醒您一下。而且我的喉咙很干，刚才的微风也消失了，虽然天已经黑了，气温还是很高。您想不想再来瓶汽水？不要了？您很好奇，想继续听故事？很好。我请侍者给我拿一瓶过来吧，好了，他来了，速度还挺快，好像只有我们是他的顾客似的！啊，真好喝，正是我需要的。

第二天晚上是我们在马尼拉的最后一晚，在房间收拾行李的时候，我打开电视，看到了我起初以为是电影的一幕。但继续看下去，我意识到这不是电影，而是新闻：纽约世界贸易中心的两座塔楼一个接一个地在我眼前倒塌。看到这些画面，我露出了微笑。是的，虽然听起来很卑鄙，但我的最初反应就是高兴。

您的厌恶相当明显，没错，您的大手已经攥成了拳头——这一点也许连您自己都没意识到。不过请相信我，我绝对不反社会，也不会对他人的苦难漠然视之。听说一位熟人得了重病时，我自己也仿佛感受到了那种痛苦，我的肾脏似乎疼了起来，脸上甚至不由自主地露出了难以忍受的表情。当有人请我为慈善事业捐款时，只要能够负担，我通常都会同意。所以我也困惑万分，为什么自己看到数千无辜者惨遭屠杀的景象却能笑得出来？

那一刻我的思绪并没有集中在恐怖袭击的受害者身上——电视上的死亡，最打动我的是电视剧里面虚构的角色之死，因为看过许多集之后，我已经对他们产生了感情——而这次恐怖袭击最触动我的是它的象征意义：有人竟然在全世界面前让美国低头弯腰。啊，看来这样讲只会让您更愤怒。我当然理解您，听到另一个人幸灾乐祸地谈论您国家的不幸，这非常令人难以忍受。但您自己恐怕也多少体验过这种感觉，最近的电视上经常有美国的炮火把敌人的建筑夷为平地的镜头，您看到这些画面时难道没有感受到些许的快乐吗？

您说得对，那是在打仗，没错。我并不反对美国，远非如此，我还是美国大学培养出来的，赚的是美国企业的丰厚薪酬，爱上了美国女人，但我为什么愿意看到美国受伤害呢？当时我也想不明白，只知道同事们绝对不会认可我的感觉，我只能尽量不表现出来。那天晚些时候，当我们的团队在吉姆的房间集合时，我假装露出和同事们一样震惊和痛苦的表情。

然而，听到他们谈起自己的亲朋好友时，我立刻想到了艾丽卡。这时我再也不需要假装，那时我并不知道灾难发生的区域只限于双子塔楼周边，也不清楚袭击发生时艾丽卡是否安全地待在家里。在我因为担心她而夜不能寐时，潜意识里却觉得松了一口气：我终于可以和同事们一样发自内心地担忧，暂时忘记起初的幸灾乐祸了。

因为航班取消，我们不得不在马尼拉多待了好些天。在机场，武装警卫把我带到一个房间，命令我脱下所有衣服，全身仅剩一条平角内裤。更加令我难堪的是，当天我穿了一条泰迪熊图案的粉色内裤，即便看到了这条内裤，给我搜身的那位警官依然表情严肃。自然，我是最后登机的乘客。走进机舱时，许多旅客担忧地打量着我，一路上我感到极不自在，人们怀疑我，只是因为我这张脸，我甚至有种负罪感。我极力保持镇静，相反却显得很不自然，有心虚之嫌，坐在我旁边的吉姆问过我好几次是否觉得不舒服。

抵达纽约后，移民局检查站把我单独挑出来，我的同事们排在美国公民的队伍，我则和外国人一起排队。查验我护照的警官是个体格健壮的女人，腰上别着手枪，英语说得还没有我流利，我只好试图通过微笑解除她的防备。"你来美国的目的是什么？"她问我。"我在这里生活。"我回答。"我没问你这个，先生，"她说，"你为什么要来美国？"我们这样鸡同鸭讲了好几分钟，最后，我又来到一个房间，被迫接受第二轮检查。我坐在一条金属长凳上等着，旁边坐着个戴手铐的纹身男。同事们并没有等我，当我走进海关大厅时，他们已经拿了行李离开了，我只好孤零零地一个人坐车回曼哈顿。

您在害怕什么？啊，是那些蝙蝠，它们正在绕圈低飞，但不会碰到我们的，我向您保证。您说您知道？但您的语气可没有那么肯定，看得出我冒犯了您，甚至惹怒了您，但我怀疑您并非毫无心理准备，不对吗？说起来我倒是挺感兴趣的，因为我们以前肯定没见过面，您却好像对我有一定的了解，也许您从我的外表——尤其是我的大胡子——上面得出了某些结论；

也许您像打飞盘的好手一样，从我叙述的轨迹中判断出了故事的走向，又或许……算了，还是不要猜了！我们看看菜单吧，我已经讲了很多，可能疏忽了东道主的职责。而且我现在更想听您说说：您为什么到拉合尔来，您为哪个公司工作……夜深了，虽然市场上亮着灯，但您的脸大部分都在阴影里，那就让我们像蝙蝠那样，锻炼一下其他的感官吧。因为我们的视力已经不够用了，您的耳朵也听得累了吧。您可以多动动舌头，哪怕吃点儿东西也好，尽管我最希望的是听您说说话。

6

您犹豫了，先生，但我不想难为您。如果您还没准备好透露此行的目的，我不会勉强您，虽然您看上去并不像闲逛的旅行者。啊，您好像闻到了什么味道？没错，您的感觉很敏锐，就像野外的狐狸。很好闻，对吗？您说得对，是茉莉花香。您大概已经猜出来了，香味来自旁边桌上的那家人，他们正准备坐下来吃饭呢。

那位女士手链上缝缀的苍白花瓣，和她暗色的皮肤之间的差异实在鲜明，淡雅的花香和烤肉的浓郁香气对比也很强烈，植物授粉时散发的气味和烧灼动物尸体的味道竟然都能让人类感到愉悦，我们真是个奇怪的物种。也许我们可以本能地领悟到死亡和繁衍的联系——换句话说，就是有限和无限的关系。正因为二者都不是完美无缺，我们才会两样都想拥有。

记得我外婆去世时，长辈让我去买花，我当时十六岁，有一张伪造的机动车驾驶证，它以前属于我哥哥。因为我迷上了开车，家里人经常派我去做本应司机做的跑腿差事，我们的丰田花冠轿车虽然保养得很仔细，但由于使用多年，车身很容易过热。到现在我还记得那个夏天，被太阳烤得汗流浃背的我抱着许多束茉莉花走进公墓，浓烈的花香熏得我昏昏沉沉的。

世贸中心被毁后，全纽约都在哀悼，人们在公共场所摆起鲜花悼念遇难者——那些在我出差期间消逝的生命。路过的时候，我经常会望一眼那些摆在街角、店铺之间或者广场栏杆上的照片、花束和悼词，它们让我想起我对这场悲剧的无情，仿佛在轻声责备我。

还有更响亮的高声谴责。袭击过后，你们的国旗入侵了纽约，到处都是，连牙签上都粘着小号国旗，插在各种纪念场合。车窗和建筑物的窗户上挂着中号国旗，楼房顶端的大号国旗迎风招展，仿佛在大声宣告：这里是美国——不是纽约，一个在我看来和美国有着很大不同的概念——是世界上最强大的文明，你们侮辱了我们，当心我们的愤怒。仰望城市中心的那些高楼，我很想知道这样的宏伟城堡中会走出怎样的主人。

就是在这种背景下，我又见到了艾丽卡，距离我们在中央公园野餐已经过去了六周。给她打电话时，我猜想她大概有别的事情要做，然而她说当天晚上我们可以见面，也就是我回纽约后度过的第一个整天，那天下班后我就能见到她。我站在人行道上，看见她从出租车上下来，空气中仍然残留着一股怪味，顺着焦黑的大楼残骸飘进我们肺里。她嘴唇发白，似乎一夜没睡，又像是刚刚哭过。那一刻我觉得她变得更成熟了，也更优雅，有一种只有岁月才会赋予女人的美，我仿佛窥见艾丽卡多年以后的模样，她真是一位未来的女王！

"我母亲一直说，"她在餐桌上告诉我，"我们也许应该到别处住一段时间，离开汉普顿，但我告诉她，我最不想做的就是离开城里，我不希望孤单一个人。这次袭击把我过去的一些想法翻搅出来了。"我点点头，但什么都没说。我觉得我们好像是在葬礼上相遇，不知道该说什么来安慰对方，我一直想着克里斯。她继续道："我也不知道为什么，很多时候我只能吃安眠药才能睡着，时间仿佛回到了一年前。"我猜我脸上一定露出了惊慌的表情，因为她笑着补充道，"还没有那么糟，我的胃口还不错，生活也正常，但是我总有种心慌的感觉，你明白吗？"

我思考着她的措辞。"我有一个姨妈,"我说,"她是我母亲的姐妹中最漂亮的那个。她的婚事是家里安排的,所以她婚前只见过丈夫几次。他是个空军飞行员,和她结婚三个月后就死了,但她没有再婚,说他是她的一生所爱。"艾丽卡听罢既感动又困惑,她凑过来问:"她现在什么样?""疯了,"我说,"疯得就像春天发情的兔子。"艾丽卡瞪着我看了一会儿,然后笑出了声,是那种惊讶又开心的大笑,笑完之后,她按着我的手说:"我真想你啊,你回来真好。"

我想把手指滑进她的指缝里,但我控制着自己没有动,也许是害怕我只要动一下她就会抽回手去。"她真的疯了吗?"艾丽卡挑起眉毛,模仿着我的发音问。"没错,恐怕是这样的,"我故作严肃地说,"完全疯了。"这又把她逗乐了。她建议我们再点一瓶红酒,我们在餐馆一直坐到打烊,醉得东倒西歪,踉踉跄跄地来到街上。"我喜欢你说起家乡事的样子,"她把胳膊塞进我的臂弯,"那时候你显得特别有活力。"

我没告诉她说起克里斯的时候,她也是这样。这个事实让我百感交集。一方面,作为她的朋友,看到她容光焕发的样子,我会觉得很高兴,而且我知道这是她亲近我的表现,我没见她和别人谈论过克里斯；另一方面，我不想只是做她的朋友，所以她对克里斯的依恋让我感到了威胁，虽然他已经死了，但我恐怕永远都比不过他。我提到的姨妈和艾丽卡几乎完全没有相似之处：她身材丰满，出门只骑小轮摩托车，背包里时常塞满了她给外甥和外甥女的小礼物，靠着一点儿寡妇抚恤金过日子。我姨妈已经四十五岁，她二十二岁时拍的那张照片却是兴高采烈、骄傲自信、充满吸引力的，不知当年拒绝了多少追求者。我深怕艾丽卡会像她那样毫不留情地将我拒之门外。

艾丽卡的表情现在放松了许多，把头搁在我肩上时还打了个哈欠。那天晚上和我刚见面时，她却是焦虑忧愁的，看似和纽约城里受到恐怖袭击刺激的其他人一样。然而正如她自己所说，恐怖袭击翻搅起许多昔日的情绪，好比池塘里泛起了沉渣，心湖之水不再清澈。我想大概我也遇到了类似的问题。

我们在夜幕中沉默地漫步，幸运的是——不对，我得承认，根本不是幸运——我们逛到了我家楼下。"我能上去吗？"她问，"我想看看你住的地方。"和她一起上楼时，我能听到自己心跳的声音。我的单间公寓在四楼，所以要爬很多楼梯，我有点儿担心她看过我住处的感想，毕竟我的蜗居和她的大卧室根本不能相比。但我也安慰自己,房间虽小,好歹不缺文学气息。"很完美。"她说着便坐在我的沙发床边上,当时我的沙发床还是摊开来当床用的状态。

她闭上眼睛,胳膊枕在脑后,懒洋洋地微笑着,像个天真不设防的小女孩。我紧张得膀胱都要爆炸了,冲进厕所之前,我告诉她我会马上回来,等我出去的时候,她已经睡熟了。"艾丽卡?"我说,没有回应。我手足无措,迟疑了好一会儿才把灯关上,但没有放下百叶窗,曼哈顿的夜色和灯光一起涌进窗户。我看着她的胸部随着呼吸轻柔起伏,给她盖上一条被单,又为我自己往地上扔了一个枕头。我累坏了,而且时差还没倒过来,等了很久才进入梦乡,一直睡到了天亮。后来我才知道,她离开之前在我额头上留下了一个吻,然而并没有把我叫醒。

您瞧!来了个卖花的,我把他叫过来,您没心情买花?可您不会反对只买一串茉莉花蕾的吧?拿着,戴到手上试试,您难道不觉得它们的质感像天鹅绒球吗?您认为更像炸虾球?啊,您真会开玩笑,我还以为您是认真的呢。不过您让我想起了拉合尔缺少的虾,因为这儿离大海太远了,我现在真想来一桶裹了鸡蛋牛奶糊、炸成金黄色的美式虾球,蘸着番茄酱!可惜我只能看着这些花安慰自己了：它们在纽约很少见，在这儿却很普通。

刚才说到哪儿了？没错，讲到我回纽约见到了艾丽卡，她在我的公寓睡了一觉之后，就经常邀我外出，而这正合我意，我陪同她参加为"九一一"受害者举行的募捐集会；去她朋友的房子吃饭，那才叫真正的房子，独门独户的赤褐色砂石建筑，像小岛一样散布在曼哈顿的公寓海洋里；参加为艺术赞助商举办的展览开幕式和私人特展，我成了她出入纽约上流社会的各种社交场合的正式保镖。

这个角色让我很得意，我自以为是地认为我的生活就应该是这样的，注定要在这些高雅环境中与富豪权贵比肩而立。艾丽卡就是我个人价值的担保人，我自认我的言谈举止足以证明我的出身无可挑剔，普林斯顿的学历和安德伍德·桑森的名片更是为我的形象锦上添花，赢得应有的尊敬和认可。

现在回想起来，我觉得当时的情况包含着一种对称：我觉得自己正在进入纽约的上流阶层，我的家庭却逐渐退出拉合尔的上流阶层，也许这可以在很大程度上解释，新的环境为什么会使我心满意足。然而那时我的幸福感主要来自时常陪伴艾丽卡，不夸张地说，我可以一连盯着她看几个小时。她傲然的姿态、修长强健的手臂和肩膀，还有我在希腊见过的那对乳房——衣物难以遮挡我对它们的回忆，所有这些都让我渴望不已。

但我对她也充满了保护欲。当我们站在或坐在毫无恶意的人群中间时，她往往会神游天外，沉浸在自己的世界中，低眉敛目观想内心。众人的话语只会在她脸上掀起微不可察的波澜，仿佛云影拖过静谧的湖面。意识到自己的走神，她会歉意地笑笑，表示自己又和往常一样心不在焉了，我却怀疑这不仅是心不在焉，她还在与内心深处想把她卷走的暗流搏斗。她的微笑中包含恐惧，仿佛害怕滑入深渊，被它围困窒息，在这样的时刻，我希望成为拖住她的船锚。但是出于尊重，我又不想让她知道我认为她需要别人扮演这样的角色。我发现做到这一点的最好办法便是靠近和碰触她，比如把手搁到桌上，尽量靠近她的手，但不做实际接触。然后等她自己意识到我的存在，这时她会无奈地摇摇头，仿佛从梦中醒来，我会轻轻碰她一下，让她彻底回到现实之中。

也许正是这种保护欲阻挡着我顺从自己的渴望亲吻艾丽卡，当然也可能与初恋带来的羞涩和敬畏有关。无论如何，就这样又过了几个星期，一天晚上，在东村吃过缅甸菜之后，艾丽卡的朋友们陆续打车走了,这时她叫住了我。"我有事告诉你,"她说,"我想庆祝一下。""为什么?"我问。"因为,"她双手合十,开心地笑着说,"我有经纪人啦!"她解释说,起初她只是胡乱投稿,结果并不理想,但最近她把稿子投给一个为她家的某个朋友做代理的公司。那里的一位初级经纪人当天下午答应为她代理出版事宜,他表示篇幅是他唯一担心的问题。用他的话说,她的那个中篇好比野兽中的鸭嘴兽,但经过再三考虑,他认为还是有办法推荐给出版商的。我祝贺了她,告诉她无论想去哪里庆祝,我都愿意奉陪一整晚。她建议我们买一大瓶香槟带到我的公寓去喝,因为我的公寓转过街角就到了。

从艾丽卡的语气听来,她仿佛觉得这是世界上最自然不过的事情,我也尽量以同样轻松的姿态微笑着表示同意。但可以肯定地说,对我们两人而言,显然有一股沉重的感觉附着在了我们的一举一动上。比如说我,两次掏口袋的时候我都一反常态地笨拙,第一次是在卖酒的商店找零钱,后来是在我家门口找钥匙。当时是阴冷的十月份,艾丽卡穿得很暖和,进屋后她脱掉了无袖外套和棉线衣,一连卸下好几层衣物,最后只穿T恤和牛仔裤。我家没有蜡烛,我只好打开电视,调成静音,让整个房间沐浴在昏暗飘忽的光线中。我们用一对华丽的银杯喝酒，这是一位叔叔送我的毕业礼物。结果就是香槟喝起来有金属味，但感觉也不错，很有异国情调。

"今天练跆拳道时我受了点儿伤，"艾丽卡说，"我们当时正在练习对打。和我搭档的那个女人出拳很快，一下子打到我的腋窝下面，就是这儿，"她摸摸伤处，"一吸气就疼，青了好大一块。"她看着我说。我摩挲着我膝盖上外科手术留下的疤痕。然后艾丽卡说："你想看看吗？"我看着她，想弄明白她是否在开玩笑，可看上去不像。于是我静静地点点头，因为那一刻我信不过自己的声音。我以为她只会略微掀起T恤，然而她把整件衣服都脱下来，抬起一条胳膊。我盯着她，我见过她穿比基尼，甚至还看过她裸着上身的样子，然而当她穿着胸罩在我的沙发床边上坐下的时候，我却好像从未见过她如此裸露。她皮肤上的棕褐色已经褪去，在电视机跳动的光影映照下几乎变成了蓝色。她的身材甚至比我记忆中还要好，仿佛来自另一个世界，也许是从小说书页里走出来的。我命令自己把注意力集中在她的瘀青上，她肋骨上方的那块暗色痕迹非常扎眼，被胸罩带子一分为二。

我想也没想便伸出了手，然后又犹豫起来。她谨慎地与我对视，但表情没有丝毫变化。所以我触碰了她，把手指搁在受伤的地方。我沿着她的肋骨摸下去的时候,她一只手托着后脑勺,我感到她起了一层鸡皮疙瘩,就把她拉过来,轻轻地搂在怀里,先吻了她的额头,然后是嘴唇。她没有回应,却也不拒绝,只是默许我褪下她的衣服,她有时紧抓着我,有时我听得到她最微弱的喘息,但整个过程中她几乎不说也不动。然而激动万分的我一心想要继续,并没有注意到这些反常,更没有意识到我应该为此感到沮丧。我发现很难进入她的身体,她似乎一点儿都不兴奋,当我终于进去之后,她仍旧一言不发。我看得出她的不适,于是强迫自己停下来。

"对不起。"她说。"不,该道歉的是我,"我说,"你不喜欢吗?""我不知道,"她说,我第一次看到她眼中溢满了泪水,"我就是湿不了,我不知道出了什么问题。"我把她揽在怀里,和她静静地躺在床上。她告诉我,我是克里斯之后和她在一起的第一个男人,自从克里斯去世后,她的大部分欲望就进入了休眠状态,那以后她只达到过一次高潮,还是想着克里斯才做到的。我不知该说什么,但我想安慰她,想走进她的心里和她作伴,让她不再那么孤单。所以我让她讲讲关于他的事,包括他们初次接吻和初次做爱的经过。"你真的想知道?"她问。我说是的,于是她告诉了我。

他们的故事我之前只是零星地听说过，那天晚上我知道了全部，甚至觉得有些熟悉。后来我意识到，那种熟悉感来自她讲故事时的情绪，因为她成功地在我心中唤起了同样的情绪。我努力让自己置身事外，平静地听她讲述，既不为她感到痛惜，也不因被她拒绝感到受伤——现在让我惊讶的是，我当时居然成功地做到了这一点。他们的故事我依然记忆犹新，但我现在不会重述。我只能说，他们的爱情并不寻常，已经达到了你中有我、我中有你的程度。因此克里斯去世后，艾丽卡觉得自己的一部分也跟着迷失了，她说即便是现在，她仍没有找回那一部分自我。

然而提到克里斯的时候，她的语气总是坚定有力的。我感到躺在身边赤裸身体的她不再那么僵硬，完全放松下来，眼睛里闪现出活泼的光彩，这道光不再仅仅投向她的内心。她要我说说我的经历，巴基斯坦的青少年是如何看待性和恋爱的。我告诉她，来美国之前，我几乎对性一无所知，我和女孩子的那几段可怜的交往经历和她刚才讲的相比，根本不值一提，但它们也有自己的动人之处。为了让她开心，我给她讲了流传于拉合尔当地的一些关于性的趣闻轶事。时间不知不觉过去了几个小时，我突然发现自己一直盯着天花板，仿佛盯着天上的星星，我们两个忍不住笑出了声，我觉得我们终于可以自在地躺在一张床上了。天快亮的时候，我故意打了个哈欠，她说她也累了，并且夸我比所有减轻她焦虑的药物都管用。我们就这样睡着了，并没有互相拥抱，不过肩并着肩，指关节靠在一起。也许是因为我俩的谈话，我并没有梦见艾丽卡，而是梦见了家乡。至于她梦到了什么，我就不知道了。

可是，先生，我发现您正用一种相当奇特的表情打量着我。也许您觉得我挺蠢，竟然把这种私密的故事告诉您这样一个陌生人，您没有这样想？那我就把您的摇头当成否认了，请相信我，我可不总是这么开诚布公，我几乎从来不这样。然而今晚，我认为我们都明白，今晚是个不同往常的夜晚。如果您觉得我说错了，请不要和我计较，就把我当成一个粗鲁无知的乡巴佬吧！

# 7

现在我在想，先生，我当时是否真的相信自己在纽约建立了基础牢固的新生活，当然我主观上愿意相信，至少不愿意去强烈质疑。因此我尽量不把周边世界的崩塌视作我的美国梦破灭的征兆，现在回想起来，这种选择性的失明让我震惊。毕竟当时的新闻里、大街上和我迷恋的女人都出现了反常，预示着灾难即将来临，我却无动于衷。

在九月和十月我和艾丽卡形影不离的那几个星期，美国正被一股不断增长的自以为是的怒气控制。如我所料，您国家的真正主人终于发火了，然而泄愤的对象是我的故土，我在巴基斯坦的家人也受到了影响。和他们通话时，我发现我母亲很害怕，我哥哥很愤怒，我父亲却在忍耐，他说一切终将过去。父亲的观点让我释然，于是我全盘接收，把它当成我本人的看法来安慰自己。"你在担心吗，伙计？"有一次，在安德伍德·桑森的咖啡厅，正当我往贝果面包里塞烟熏三文鱼和奶油干酪时，韦恩莱特问我，还关切地把手放在我肩上。没有，我解释道，巴基斯坦已经宣布支持美国，塔利班的威胁不足为惧，我的家人不会有危险的。

我尽量无视那些我从"旁遮普的巴基斯坦佬"熟食店偶然听来的传言：巴基斯坦出租车司机被打得奄奄一息；联邦调查局突袭了清真寺、商铺甚至民居；穆斯林男性屡有失踪，也许被抓到了秘密拘留所问话，甚至更糟。据我分析，这些消息大多不是真的，有些即便找得到事实依据，也在很大程度上经过了添油加醋。此外，那几桩惨遭曝光的罕见的虐待事件也没有吓到我，哪个国家都有可能发生，包括美国在内。而且这种事只会发生在不幸的穷人身上，不会与年薪八万美元的普林斯顿毕业生扯上关系。

靠着这种自我催眠，加之事业方面持续取得重大成功，我得以专注于自己的工作。我在菲律宾的出色表现使我成为吉姆的宠儿，他又派我随同他的团队处理另一个项目。这一次的评估对象是一家经营不善的有线电视运营商，总部位于新泽西——我每天都可以回家住——因为投资者对技术领域，尤其是小规模宽带运营商的兴趣降低，公司业务遭受重创，几乎无力承担债务，已经成为并购的对象。

在这种情况下，我们的客户并不关心企业未来增长的潜力，因此我们的任务是判断有哪些值得保留的盈利点。呼叫中心很明显可以外包，上门服务可以砍掉，采购部门可以和客户的相应部门合并，进而可以裁掉一大批人——我们的团队自然在这家公司受到冷遇。我们使用的电话分机和传真机经常莫名其妙地坏掉，我们的安全出入证和笔记本也会消失，我租来的车多次被人戳破轮胎。次数太频繁，肯定不是偶然为之。

有一次吉姆过来视察时，我又遇到了这种事，而他本想让我载他回城里，见我拿出备用轮胎，他摇了摇头。"别为了这种事泄气，昌盖兹，"他说，"时间只会朝一个方向移动，记住这一点，而事物总在变化之中。"他松开手腕上的金属表带，捏起他那块结实的潜水表。"我上大学时，"他继续说道，"经济不景气，当时是七十年代，滞胀，但你总能嗅到机会的味道。美国的经济基础从制造业转向服务业，这是个巨大的转变，而且前无古人，谁都不曾见过。我父亲干了一辈子手工活，所以我很清楚那个时代已经过去了。"他重新扣好表带，然后握紧拳头，抖了抖粗壮的胳膊，让手表挂在最合适的位置。他的动作几乎是种仪式，像板球击球手——或者骑士在决斗前戴好手套。

"经济是一只动物,"吉姆继续说,"它会进化。首先进化出肌肉,现在它把所有备用血液供给了大脑,那里正是我想待的地方。经济的大脑就是金融,是协调性产业,也是你待的位置。你是动物身体里从那些已经不再重要的地方,比如尾骨,运送到大脑的血液。像我一样,你也来自正在退化的地方。"我换好轮胎,关上后备厢,打开车门。"大部分人没意识到这一点,孩子,"他在我旁边的座位上系好安全带,朝我们准备离开的暗色建筑点点头,"他们想要抵制变革,然而力量来自于顺应变革。"

那天晚上回曼哈顿的路上,还有此后的几个星期,我一直在思考吉姆的话。他说的确实很有道理,然而一想到我来自一个逐渐退化的地方,我就觉得不自在。所以我只关注他提到的光明面:我选择投入的领域将会带给人类愈加重要的益处,因此也很可能给我带来日益增长的回报。我还发现自己主动把那年秋天我们在新泽西州的公司工作时遭遇的怨恨,看成是受到误导的行为,或者至少是鼠目寸光的反应。

但我并非丝毫不受影响。那家公司的员工中有一些老人，我有时在咖啡厅会坐在他们附近，虽然永远不会和他们同桌——连我们团队周围的座位都总是空着的。我猜这些人的孩子应该和我年龄相仿，如果英文里的"你"这个词有敬称形式的话——我们乌尔都语里面就有——我会毫不犹豫地这样称呼他们。然而我们之间关系的本质让我几乎没有机会向他们表达敬意，哪怕是一点点儿的同情。像往常一样，我周末在办公室加班时，跟韦恩莱特抱怨过这件事。"你是给老板打工的，伙计，难道培训时他们没告诉你吗？"说着他对我疲惫地一笑，补充道，"但我理解你，因为你的出身。只是不要忘了，无论你干不干，你所处理的业务都会继续下去，还是先把基本的事情管好吧。"

"管好最基本的事"，这是安德伍德·桑森的宗旨，自我们第一天上班就指挥着我们的行动，督促我们一心一意地关注财务方面的细节，理清决定产业价值的基本因素。这正是我一直在做的事情，往往还带着技巧与热情。因为老实说，先生，我还没有对那些即将失业的工人同情到感同身受的地步，我们的工作所要求的投入程度也让我无暇分心考虑这些事情。

然而十月下旬的时候,一件事情扰乱了我的平静。大约是我和艾丽卡做爱失败后过了一两天发生的,美国对阿富汗的轰炸已经持续了两周。我一直躲着不看晚间新闻,不想看到那些带有主观偏见的宛如赛事直播般的报道,电视上携带最先进武器的美军轰炸机和装备简陋、营养不良的阿富汗部落民兵的实力简直天差地别。偶尔几次,在酒吧或者有线电视公司的门口看到这样的节目时,我都会想起电影《终结者》[1],只不过现实中角色互换了,机器成为了英雄。

真正让我震撼的是我打开电视时看到的东西。那天半夜,我从新泽西州回到家里,拿起遥控器浏览着电视频道,想找个情景喜剧舒缓心情,结果看到某个新闻台在播放美军夜袭的视频。屏幕上是鬼魅般的夜视图像,士兵们空降到阿富汗,执行据说是一项大胆的突袭塔利班指挥所的任务。当时我都被自己的反应吓了一跳。阿富汗是巴基斯坦的邻国,我们的朋友,而且也是伊斯兰国家。您的同胞对这个国家的侵略让我气得发抖,不得不坐下来让自己冷静,我记得我灌下三分之一瓶威士忌之后才睡着觉。

---

[1] Terminator,好莱坞系列电影。故事主要内容是未来世界的机器人与现在的人类战斗,最终被人类打败。

第二天早上,我头一次上班迟到了,我睡过了头,最后是头疼疼醒的。我的气已经消了,但我越是想要假装这一切都是我想象出来的,越无法像过去那样欺骗自己。不过我也告诉自己,我反应过度了,而且我对此无能为力。近来发生的国际事件与我的个人生活毫无干系,然而我仍旧感觉得到怒火在我心中造成的创痛。那天我发现自己很难集中注意力管好最基本的事,而这是我平时最擅长的任务。

您听听!您听到那种咆哮一般的声音了吗,先生?好像一只被装进麻袋的小狮子的怒吼?那是我饥饿的肠胃抗议的声音,我们点些吃的东西吧。您说您宁愿等回到旅馆之后再吃晚饭?可我一定要请您尝尝这里的饭菜!您绝对不能错过品尝正宗拉合尔美食的机会,而且这个市场提供的食物相当有名,保证会带您回到人类无忧无虑享用肉食的黄金时代。那时他们尚不知胆固醇为何物,因此不惧怕吃下亲手猎到的美味。

可能由于我们国贫民弱,体育方面的成绩(虽然在板球方面我们偶尔会有不错的发挥)也和人口数量全球第六的地位不相称。巴基斯坦人对本国食物的自豪感是非同一般的,而在这儿——老阿纳卡里市场——这种自豪感体现在食物的纯粹性。任何一家合格的饭馆都不会考虑让西餐进入他们的菜单,我们这里到处都是烤羊肉串、烤鸡块、炖山羊蹄和五香羊脑！先生，这些可都是肉食者的美味佳肴，既粗犷又奢华，而素食者的食材来自边境以东。这里的肉食和您国家那些经过消毒灭菌和充分加工的肉类有很大不同，在这里我们更重视满足食欲，对于其他方面没有太多的讲究。

我们不总是负债度日，指望着外国的援助和施舍。在我们自己讲述的故事中，我们并不是那种疯狂又贫穷的激进分子，像您在电视上看到的那样，而是圣徒、诗人和——没错，开疆拓土的君王。我们建造了这座城市中的皇家清真寺和沙利马尔花园，还有城墙巍峨、建有宽阔的战象坡道的拉合尔要塞。您的国家还只是欧洲移民从美洲大陆边缘啃咬下来的十三块殖民地时，我们的这些建筑就已存在很久了。

请原谅，我的声音又不由自主地提高了，给您带来了不适，我深表歉意。但我并非有意为之，无论如何，我应该给您解释，为什么我没把看到美军入侵阿富汗时的愤怒告诉艾丽卡。那晚在我的公寓庆祝她获得经纪人之后，我许多天都没有和艾丽卡取得联系，她不接我的电话，也不回短信。我觉得受到了伤害，把她的沉默视为对我的不体谅。所以当她终于邀请我出去喝酒时，我是带着怨气去的，然而我却看到了出乎意料的一幕。

坐在吧台边的是一个形销骨立的艾丽卡,不再是我认识的那个生机勃勃的自信女人,在我眼中更像一个苍白焦虑的陌生人。她似乎瘦了不少,眼睛茫然地扫视着酒吧周边,直到她对我微笑时,过去的那个艾丽卡才回来了一星半点。然而她的笑容来得快去得也快,我的惊恐一定很明显,因为她再次微笑着问:"我看起来有那么糟吗?""没有的事,"我撒谎道,至少我试着撒了谎,"你最近不舒服吗?""是的,"她说,"对不起,我没有及时回复你。""没关系,"我说,"希望我没有打扰到你。""那怎么可能,"她说,"我最近心情很不好,过去也有过。但自从克里斯死后,这是最严重的一次。"

我点了啤酒,为她要了一瓶水。我考虑给她一个拥抱,想想又放弃了,因为她看上去脆弱不堪,仿佛一碰就碎。"事实是,"她继续道,"我的脑子一直在转圈,不停地想这想那,导致我睡不着觉。而人几天不睡觉就会生病,吃不下饭,开始哭,就这样恶性循环下去。一位医生给我开了猛药,我又能睡着了。但不是真的睡觉,睡醒后我一整天都会觉得身体发飘,好像刚下飞机,听不清声音,而且不止听力出了问题。"

她呷了一口水，勉强朝我眨眨眼，然后说，"是不是有点儿吓人？"

我默默地站在那里，想不出该说什么，甚至没法给她一个微笑，我的确吓坏了。但她还在等我回应，于是我说："你觉得是什么让你这么难过呢？""我时常想起克里斯，"她说，"想到我自己和我的书，有时我还有些非常黑暗的想法。我也会想起你。""当你想起我的时候，"我问，"你会想到什么？""我觉得你暂时还是别和我经常见面了。我的意思是，这样对你不好。""不行，"我向她保证，虽然我很害怕，"我想要见你。""这就是我的意思，"她非常严肃地看着我的眼睛说，"你明白没有？这就是我的意思。"

我根本不明白，只好问她愿不愿意去我家。"我觉得我不应该去，"她说，"真的。"然而她的表情有所软化，见我坚持，她终于默许了。在去我家的出租车上，我反复思索究竟发生了什么。在过去的这几个星期里，我已经把自己看成了艾丽卡的丈夫，这听上去可能感情用事又老套古板，仿佛白日做梦一般。然而我所生长的家庭有种观念，认为男女双方短暂相处之后就可以定下终身。现在我却发现，自己的白日梦和白日梦的女主角即将同时消失在我眼前。我想帮助她，抓牢她，其实我想抓牢的是我们两个人。我拼命想把她从精神错乱的状态解放出来,却不知如何去做。

在我床上,艾丽卡要我搂着她,我照做了,同时轻声安慰她。我知道她喜欢我在巴基斯坦的故事,就给她讲我家和拉合尔的事。当我试着亲吻她时,她的嘴唇没动,眼睛也没闭上。于是我把她的眼皮合上,问:"你想克里斯吗?"她点点头,我看到泪珠从她的睫毛之间涌出来。"那就假装,假装我是他。"我不知道为什么要这样说,可能是自己认输了,无奈之下觉得这个办法行得通。"什么?"她说,但并没有睁开眼睛。"假装我是他。"我又说。慢慢地,在黑暗和寂静中,我们开始了。

我不知道如何描述我接下来的感觉。当然也不能说我被附体了,但觉得不像是我自己。我们似乎被下了咒语,传送到另一个世界。在那里,我是克里斯,她和克里斯在一起,艾丽卡和我前所未有地亲密,我们在这种亲密的感觉中做爱。她的身体不再拒绝我,我看着她紧闭的眼,她透过紧闭的双眼望着他。

我依然记得她因为憔悴而显得更加紧绷的肌肉,还有当她身体后仰，让我抚摸她的乳房时，了无生气的皮肤光滑中透着凉意。她双腿间的入口潮湿松弛，同时有种奇怪的僵硬，让我不情愿地想起伤口。这层想象给我们的做爱过程增添了暴力的意味，尽管我已经非常轻柔。我不止一次地觉得闻到了血味，但当我探手去看她是不是来了月经时，手指上却什么都没有。最后她几乎是痛苦得快要死去般颤抖起来，在她的颤抖中，我也达到了高潮。

"你是个好人，"事后我们躺在床上，她说，"这么说似乎有点儿蠢，但是实话。"我抱着她，没有说话。那时我有一种此前和此后从未有过的感觉：既满足又羞愧。满足于我而言容易理解，羞愧使我迷惑。也许假扮另外一个人让我看不起自己；也许在我置身其中的这个爱情三角里，一直被死敌压制乃至认输导致了我的羞愤；也许我担心自己表现得非常自私，而且那时我就感觉到，自己对艾丽卡造成了某种可怕的伤害。但我觉得最后这条解释不会是真的，因为我当时不可能知道接下来的几周和几个月里，在她身上会发生什么事。

那天晚上，艾丽卡没有吃药就睡着了，我则一直醒着，部分原因是我没吃晚饭。我犹豫着要不要起来到冰箱那里去，因为害怕吵醒她。但她睡得很沉，像个孩子，所以我还是起来了。我只吃了面包，喝了点儿水，食物索然无味，但我一直吃到感觉饱了为止。当我回到床上时，我觉得身体前方仿佛蒙着一面鼓皮，所以只能侧躺着。

先生，虽然周围光线很暗，您脸上又没有什么表情，但我还是怀疑您用厌恶的眼光看着我。当然，如果您对我说了我刚才对您说的那番话，我一定也会用这种目光看着您的，但我希望您不要倒了胃口，因为我准备叫侍者来点单了。我向您保证，今晚的饭菜绝对不会索然无味。啊，侍者来了，真是个好人！

*8*

我发现，先生，我们的侍者不知怎么始终让您觉得不自在。我承认，他的外形是有些吓人，块头甚至比您还大，但他饱经风霜的脸透出的冷酷是有原因的：他来自西北山区，那里的生活非常艰苦。如果您就是觉得他不喜欢您，那么我请求您最好别当回事。他的部落横跨巴基斯坦和阿富汗边境，在您国家的进攻下吃了不少苦头。

您问我他是不是在祷告？不是，先生，根本没有！虽然他看似在嘟嘟囔囔地念叨韵律十足的祈祷文，但实际上他是在背诵菜单，相当于您国家的侍者告诉顾客有哪些特色菜。不过这里当然没有特色菜，这里多年如一日地供应一成不变的传统美食。我可以给您翻译菜名，可我觉得还是我来点些真正的美味佳肴给我们更好。您愿意授予我这份荣幸？谢谢您。点好了，他走啦。

刚才讲到虽然和艾丽卡做了爱，但我始终感到不安。像那样一个晚上，如果我们的关系更加正常一些的话，应该是非常令人愉快的。她天不亮就离开了，醒来时她打了个冷战，不顾我让她留下来的请求，执意回家去。不出所料，又过了很长时间我才和她取得联系。像上次一样，一开始她并不接我的电话，也不回短信，于是学到教训的我不再主动找她。过了两周我又试了一次，这次接通了，她像上次一样为自己的消失道了歉，说她认为最好——当然对我也是最好——我们不要过于频繁地联系，还答应了我的见面要求。"不过还是来我家吧，"她说，"我不太想出门。"

艾丽卡的母亲在公寓门口迎接我，她领我走进古典风格的前厅，那儿摆着盆栽和大键琴。"我想我们需要谈谈，艾丽卡把她过去的事情告诉你了，对吗？"她问。我点点头。"嗯，"她继续道，"她又出现了过去的情况，很严重。她的情绪需要稳定，不能受刺激，你明白吗？我知道你是个很好的年轻人，我也知道她在乎你。但你必须明白，她现在病了，并不需要男朋友，她需要的是朋友。"她恳求地看着我。"我明白，夫人，"我说，"只要你认为对她是最好的，我都会照做。""谢谢你，"她说，然后又笑着补充道，"很容易看出她为什么喜欢你。"

这次谈话对我产生了巨大的影响，倒不是因为说了什么——虽然把艾丽卡的情况说得如此严重令我十分惊慌——而是说话的方式。她母亲平静的语调中透出的绝望吓坏了我，我试探着走进艾丽卡的房间，做好无论看到什么都坚强面对的心理准备。第一眼看到的景象并不是特别令人震惊：艾丽卡斜倚在床上，脸色苍白，没错，好像在发烧。头发似乎有段时间没洗了，但看上去精神还不错。她拍了拍床边的位置示意我坐下，还让我吻她的前额。

我们聊了一会儿，好像并没有发生什么不寻常的事，只是一次平常的见面而已。我告诉她我在新泽西的项目、在有线公司遭受的冷遇、吉姆的建议，以及上次分别后我的日常琐事。她给我讲了她的医生，还有她吃的药，以及药物是如何让她难以集中精力，使得日子就在无所事事中溜走。她说话时显得挺放松，旁观者很可能认为她的情况并非那么严重，而且正在好转，直到我问起她的小说。

刚问完我就后悔了，她的眼神变得呆滞，声音也不那么确定了。"看来我是写不下去了，"她说，"每次尝试我都会变得沮丧。我一直没接经纪人的电话，可怜的家伙，他一定认为我是疯子。"我连忙说许多作家都是性情古怪，她的经纪人也许不会特别在意，然后我试着改变话题，但她不肯作罢。"再也没用了，"她说，"过去每当我想不开时，写作是我的救命稻草，而现在我却走不出去了，它只会让我越陷越深。你知道吗？我老是想着它，却再也写不出来了。"我尽力避免不去问她这个"它"指的是什么——不知这是因为我怕令她不安，还是怕我自己不安，到现在我也没弄明白——但没忍住。"就是不知道那些事情是没有发生，还是已经发生过了。"她解释道，语气平静得可怕。

先生，我真不知道该如何向您描述我当时的不安。她扭头看别的地方，我知道她又回到自己的思想中去了。我把手搁在她的手旁边，希望能像以前无数次做过的那样，把她唤回来。我望着我们的皮肤，我的是健康的棕色，她的是病态的苍白，我们的两只手之间的距离和一只订婚戒指差不多宽，但她没有注意我。我等待她注意到我的存在，就这样大约过了一分钟，她拿开了手，和另一只手叠放在膝盖上，甚至没有朝我这边看上一眼。

过了一会儿，艾丽卡的母亲进来了，我没有觉得她打扰到了我们。不，她并没有打断我和她女儿的谈话，只是结束了我对艾丽卡和克里斯之间交流的打扰，他俩的对话是在一个我摸不到也看不见的层面上进行的。我离开房间时，艾丽卡向我挥手道别，但她的脸根本没有转过来，所以我无法与她对视。她母亲感谢了我的到来，让我等艾丽卡下次联系我时再来，还在我脸颊上轻吻了一下。电梯门在我眼前关闭，我孤零零地一个人乘着电梯缓缓下降。

我回到公寓，没有开灯，城市的灯火透进窗户，屋里半明半暗，我就在这样的昏暗中度过整个夜晚。我不停地思索艾丽卡到底怎么了，后来的几个月我一直如此思索，直到现在，我有时还会想起这个问题。然而我永远不曾搞清楚，究竟是什么让她变成现在这样，是恐怖袭击造成的吗？还是因为她把书寄给了经纪人？做爱让她想起了过去的事？以上原因皆有？还是另有缘故？但即使在那时，我也知道她已经消融在对往事的强烈怀恋中，至于是否能回归现实，完全取决于她自己。

艾丽卡需要的东西显然是我无法给予的，就算我愿意扮演别人也不行。她留恋的很可能是她和克里斯共同度过的青春年华，克里斯患病之前，她一直觉得这样的日子会永远继续下去。也许他们在一起的时光的确如她讲述的那样美妙，又或许它们只是她的想象，因此她的向往之情更加强烈。我不知道自己是否相信他们的爱情曾经存在过，毕竟那是一种将我完全排除在外的宗教。但我知道她是这个宗教的虔诚信徒，我为自己无法向她提供任何可以与之媲美的事物而感到惭愧。

那一年我再也没有见到艾丽卡，感恩节很快让位给了十二月的寒意。每个星期——每一天——我都很想给她打电话，但最后都忍住了。当然一方面是由于她母亲的嘱咐，另一方面鉴于我们的关系遭受了重大挫折，我怀疑自己如果再次强行介入她内心的挣扎，会给她造成更大的伤害。但我必须承认，我的动机并不完全高尚，多少出于一些被抛弃的情人的愤怒和虚荣心受挫的赌气。这些见不得光的情绪帮助我与她保持了距离，但我仍然关心着艾丽卡的情况，对她依然怀有一种很可能是不理智的期待，所以对我来说不和她联系，不啻于戒除毒瘾般的挣扎。

也许是受到了心境的影响，在我眼中，当时的美国陷入了一种危险的怀旧情绪。电视上时常出现国旗、军服以及将军们在作战室发表讲话的场景，报纸头条频繁使用"责任"和"荣誉"等词汇。过去我总认为美国是个向前看的国家，这是我第一次因为它的向后看而感到惊讶。生活在纽约仿佛置身二战电影，或者说我，一个外国人，发现自己正在看一部电影，这部电影的画面似乎更应该是粗糙和黑白的，而不是明丽的彩色。我不明白您的同胞究竟在期许什么——拥有绝对的统治地位？安全感？或者道德上的确定性？但可以明显看出的是，他们以惊人的速度穿上了另一个时代的服装。我甚至大逆不道地怀疑那个时代是否出于虚构，如果它真的成为现实，像我这样的人又应该扮演什么样的角色？

可那是什么？啊，您那部不寻常的电话响了，没关系，先生，我一点儿都不介意。您尽管回复，不过我觉得您好像是在和一座教堂的钟楼联系，因为每到整点时刻电话铃声就会响起。也许您的公司正在确认您的行踪？不，您不需要回答。现在既然您已经发完了回信，请允许我把您的目光引向那边的烤肉架。我们的无骨鸡块已经开始烤了，厨师一扇风，木炭上就冒出狂怒的红色火星，看起来真是太美了，您一定也同意我的看法。烤肉很快就能上桌，您闻到令人垂涎三尺的香味了吗？

刚才讲到，当我开始在您国家度过最后一个冬天时，那里掀起了一阵强烈的怀旧情绪。但有一座坚固的堡垒在继续抵御着这种情绪，它就是安德伍德·桑森。我醒着的大部分时间是在那里度过，作为一个机构，那里不存在任何多愁善感的怀旧。工作时，我们专注于未来，很少缅怀过去。随着有线公司项目的进行，我的个人能力也在不断提高，我希望以这种方式把闲暇时困扰我的许多担忧置之脑后。

我怀疑我再也没有像那时一样完全专注于基本问题，分析各种数据，仿佛它们是我生活的全部寄托。我们公司最重视的是生产力最大化，这条宗旨让我更加放心，因为它可以量化，所以是可知的，在这段不确定的时期显得尤为珍贵；又因为在其他人渴望回到过去的某个时代（这个时代是否存在过都值得怀疑）的时候，它仍然完全相信社会进步的可能性。我发现自己对待同事的态度有所改变，更加理解他们为何如此专注于自己的职业。或许是这种转变的结果使然，我在办公室的受欢迎度有所提升。

即使在安德伍德·桑森，我也无法完全逃离日益严重的种族歧视。有一次我在有线公司的停车场取车，这时一个陌生男人走过来，嘴里发出奇怪的声音，好像是"阿卡哈拉-马拉卡哈"，又或者是"卡哈拉帕-卡拉帕拉"，还猛然把脸凑过来瞪着我。我急忙侧身躲开，双手举到肩膀。我以为他可能是疯了，或者喝醉了，要么是抢劫犯，我甚至做好了还击的准备。就在这时，另外一个男人出现了，他也瞪着我，但他抓着第一个人的胳膊把他拽走了,还嘟囔着"不值得"之类的话。两人显然是同伙,第一个人不情愿地走开了。"该死的阿拉伯人。"他边走边说。

我当然不是阿拉伯人,而且不喜欢与人争斗,但当时我的血涌到了太阳穴。我叫道:"有本事当着我的面再说一遍,懦夫,别跑啊。"他原地站住。我打开后备厢,拿出拆轮胎的扳手,冰凉的金属手柄跃跃欲试地躺在我的手中,我觉得自己完全可以用它敲破那个人的脑壳。我们杀气腾腾地对峙了几秒钟,然后他的朋友又过来拽他,他骂骂咧咧地离开了。坐进车里之后,我的双手还在发抖,以前在不同的球队里踢球时,我也和别人打过架,但这次狭路相逢的紧张程度是我没有经历过的。过了好几分钟,我才觉得自己可以开车了。

您问他是什么样子的?好吧,先生,他……真奇怪!我现在想不起那个男人的特征了,比如年龄和体型什么的。老实说,我现在同样记不起我和您讲述过的许多故事的细节,但主旨当然才是最重要的。我给您讲的内容毕竟已成历史,不知道您作为美国人是否同意,最重要的是叙述的主旨,而非细节的精确性。我还可以向您保证,无论我的意图和目的如何,我告诉您的每件事,其真实经过都和我的叙述大致符合。

好了,言归正传。停车场事件过去几天后——我们在有线公司的项目已经接近尾声——我再次开车载吉姆回曼哈顿。天色已晚,我们都饿了,把他送到家门口时,他建议我进去坐坐,说要给我煎两块金枪鱼排吃。他的公寓并非上东区那种常见的风格保守、带门卫的房子,反而在翠贝卡区,面积四千平方英尺,位于杜安街一座不起眼的楼房顶层。第一次走进去时,我就被它的时尚前卫和强烈的设计感震撼了,而且总体风格并没有趋向杂乱或者阴柔。不,完全就是极简主义,地板是简单的水泥地,天花板上固定着裸露的管线。但每件家具都是精挑细选,摆放合宜,照明采光安排得恰到好处。墙上挂着令人印象深刻的艺术品,包括相当数量的描绘男性裸体的作品。

吉姆挽起袖子,煎着鱼排问我在想什么。我坐在开放式厨房的凳子上,和他隔着一个吧台,吧台同时还是餐桌。"没什么,真的,"我说,"你的家人不在家吗?"他忍俊不禁地看着我,说:"我没结婚。""啊,"我说,"也没孩子?""没有,"他说,"可你在回避我的问题。""你的意思是?"我问。"你最近有些反常,"他说,"魂不守舍,好像在忍受什么折磨。如果叫我猜,我会说跟你的家乡巴基斯坦有关系,国际上发生的事让你很担心。""不,不是,"我摇头否认道,不希望让人觉得我的忠诚可以如此分裂,"巴基斯坦那边的情况是有些不稳定,但问题会解决的。"他看起来并不信服,"你家人还好吗?"他问。"是的,"我说,"谢谢你。""那就好,"他说,"但我也对你说过,我知道身为局外人的滋味。如果你想谈谈,可以来找我。"

我离开吉姆的公寓,心里希望我已经打消了他的疑虑。原来我还是那么容易被人看穿,况且吉姆还是个观察力尤其敏锐的人,但如果我的内心冲突在他看来如此明显,那么别人也会看出来。据说对穆斯林的歧视已经开始蔓延到了商业界,有人失去了工作机会,有人无缘无故被炒,我可不想丢掉我在安德伍德·桑森的职位。而且,我知道我们公司和这一行里的许多公司一样,自九月份的恐怖袭击后业务量急剧减少。韦恩莱特告诉我,有谣言说公司打算裁员。

我们在有线公司的项目顺利结束,就是说,我们为客户节约了大笔成本,他们非常满意我们的评估工作。可到了十二月个人绩效考评的那天,我仍然很紧张,结果证明我并不需要那么焦虑,与我一起初入公司的六名分析师中的两位——第五名和第六名——真的被辞退了。然而我,吉姆告诉我,再次位列第一,而且得到了分红奖励。虽然照行业标准来看并不算高,但鉴于未来经济可能不景气的预估,这笔奖励堪称大方,也使我在还清优等生助学贷款之后能额外剩余几千美元。我本应欣喜若狂,然而在那周早些时候,印度议会遭到武装分子袭击,所以我非但无暇庆祝自己的好运,反而担心我的国家会面临开战的危险。

我母亲告诉我不要回家,我父亲的意见也大致如此。但多亏第七大道一家旅行社的帮助,加之我突然可以负担得起巴基斯坦航空公司的商务舱以上级别的机票,所以,在纽约人突击购买节日礼物、情侣们拖着用来做圣诞树的漂亮小灌木在回家的路上当街接吻时,我得以登上前往拉合尔的飞机。飞机上坐我旁边的那个男人在过道里祷告之后,脱掉了鞋——我很吃惊——然后对我说,如果核毁灭是真主的意愿,那就是无法避免的,但在这件事上,我们还不知道真主的意愿究竟如何。他友好地朝我笑笑,我怀疑他和我说这个是为了安慰我。

好啦,先生,用餐时间到了!为了您的安全,建议您不要吃这种酸奶和那边的蔬菜,什么?不,不,它们没有毒,只是因为您的胃可能不适应生食,就是这个原因。如果您坚持,我会先把每道菜都尝一遍,让您放心。来吧。瞧,这是一块从陶土烤炉里拿出来的面饼,我先开动了。

# 9

您问他们是否提供刀叉？没问题，先生，可以给您拿一把叉子来。但我建议您最好用手抓，不要嫌脏，我们毕竟已经共处了好几个小时，您没有必要一直都那么拘谨。亲手触碰自己的食物是非常令人满足的，真的，数千年的进化告诉我们，直接触摸食物会让我们更有胃口，味觉上更享受。看来您接受了我的建议，您已经从容不迫地撕开了那份烤肉。

美国人来到这里必须学会适应，应当改变观察的方式。记得我在那个战争一触即发的冬天回到拉合尔时，眼光已经带上了美国人的色彩。首先让我吃惊的是我家的房子竟然如此寒酸，裂纹纵贯天花板，大片墙皮因为进了湿气鼓了起来。那天下午电也停了，室内变得更加阴郁，在咝咝作响的煤气炉散发的昏暗光线下，我们的家具显得陈旧过时，急需整修。见到这些我很伤心——不，不只是伤心，还有羞愧。我就是从这里走出去的，而它竟然卑微至此。

然而当我重新适应了环境，我的家在我眼里又变得熟悉起来。我发现在我离开的这段时间它并没有变，变的是我自己，我在用外国人的眼光看待我自己，而且还是那种自命不凡、冷漠无情的美国人。无论在教室，还是在你们国家精英人士的工作场所里，遇到这种人，我都会嗤之以鼻。意识到这一点，我怒从心起，我望着我家浴室斑斑点点的镜子里的自己，决心把附在我身上的这些讨厌的优越感驱逐干净。

做到这一点之后，我家的房子在我眼中才又恢复正常，重新变得宏伟起来，而且个性十足，充满怪异的魅力。莫卧儿袖珍画和古董地毯使客厅典雅高贵，毗邻阳台的图书室环境宜人，这个家根本算不得贫穷，反而因为它的历史而显得富有。我之前竟然产生过那样狭隘——甚至可说有眼无珠——的想法，这令我十分不安。原来我如此缺少主见，在别的地方住过一阵之后，就能轻易受到那里人的影响。

不过与我的反思相比，外部现实对我家庭的威胁重要得多。我哥哥去机场接我，他用力地拥抱了我，把我的肋骨都勒疼了。他还边开车边摸我的头。我仿佛瞬间变成小孩，或者可以说是个二十二岁的大孩子,根本不像那个中年人般老成、独居异国、穿西装上班养活自己的男人。我已经很久没被人如此轻松亲切地触摸过了。"你们怎么样?"我问他。他耸耸肩:"我朋友在乡下的房子驻扎了个炮兵连,离这里半小时远,有个上校就住在他家的空闲卧室里。所以,情况可不怎么样。"

我的父母看上去都挺好,虽然比我上次见到他们时憔悴,但显然是年龄不饶人。我母亲捏着一张一百卢比的钞票绕着我的头顶快速转圈,感谢真主保佑我平安归来,稍后这张钱会捐给慈善机构。我父亲的眼睛泛着水光,似乎变成了褐色。"是隐形眼镜,"他擦着眼睛说,"很时髦,对吧?"我说他很适合戴隐形眼镜,这是真心话。他上了年纪后才戴上眼镜,镜框让他的面部轮廓没有那么棱角分明了。我和我母亲都不想讨论开战的可能性,他们一个劲儿劝我吃各种东西,听我讲纽约的生活细节,还有工作进展。在这儿讲另一个世界的事情感觉有些奇怪,好像在清真寺里唱歌一样,此地觉得自然的事情,到了彼地可能变得不自然,有些观念更是难以找到共鸣。正因如此,我小心地不去提起艾丽卡,也把我认为可能会困扰他们的事情隐去不提。

那一夜他们为我举行了家庭宴会,印巴之间的冲突成了饭桌上的谈话主题。比如讨论袭击印度议会的人究竟是否与巴基斯坦有关,但大家都认为印度肯定会不择手段地伤害我们,而且尽管我们在阿富汗问题上支持美国,美国也不会为我们撑腰。印度已经开始调动陆军,巴基斯坦也作出了回应,据说运送军用物资的卡车正在穿过拉合尔前往边境。我们吃饭的时候,可以听到军用直升机在头顶低空盘旋。传言说机动车道会禁止通行,让战斗机在上面演习降落,这是为了模拟我们的机场被核武器破坏的情况。

也许对于您国家的那些活着的人来说,除了偶尔的偷袭和恐怖袭击,不曾见过本土开战的情况,因此难以想象一百万个敌人在离你不远的地方待命,随时可能发动全面入侵时是什么感觉。我哥哥清理了他的霰弹枪,我的一位叔叔储备了瓶装水和罐头食品,我们家的兼职园丁也做好了准备,但大部分时间人们的生活照旧。在一条向西延伸至摩洛哥的穆斯林地带上,拉合尔是最后的一座大城市,因此格外具有前线重镇的那种处变不惊的气质。

然而我相当担心和无奈,憎恨自己在东方强敌压境时的软弱和无能为力。没错,我们拥有核武器,没错,我们的士兵不会退缩,但我们还是受到了威胁。可我什么都做不了,只能躺在床上辗转反侧。而且我很快就要离开这里，撇下家人和家园远走高飞，这让我觉得自己是个懦夫和叛徒。什么样的人会在这种时候抛弃他的同胞呢？我这么做又是为了什么？一份待遇优厚的工作？一个我渴望却拒绝见我的女人？我一遍又一遍地思索着这些问题。

返回纽约的时间到了，我告诉父母我想多停留一段时间，但他们不同意。也许他们察觉了我的矛盾，在我这样说的时候有些东西却在召唤我回美国，又或许他们只是为了保护自己的儿子远离战火。"别忘了出发前刮掉胡子。"我母亲对我说。"为什么？"我指着父亲和哥哥问，"他们都留着胡子。""他们，"母亲说，"他们留胡子只是因为想要掩饰自己的秃顶，而你还是个孩子。"她摸摸我的胡茬儿，补充道，"你这样就像老鼠一样。"

在飞机上，我注意到许多乘客和我年纪相仿，有大学生和年轻的专业人士，都是在这里度完假回去的。我发现这很讽刺，留在这儿面对即将到来的战争的人，反而是孩子和老人，那些过去最有可能上战场的年轻力壮的聪明人却走了。为这点我很看不起自己，以至于无法与人交谈甚至进食，只能闭上眼睛等待，期望时间淡化我仅剩的责任感。

您说您熟悉这种武装冲突爆发前的焦虑？啊哈！您一定当过兵，先生，我猜中了！您难道不认为等待即将发生的灾难是最难熬的吗？是的，没错，仅次于屠杀开始后的恐惧，先生，您真是个战士。但我看到您停下不吃了，也许您在等待刚出炉的面饼。把我的分一半给您，拿着。不，请不要客气，侍者还会送来更多的。

从一个极有可能发生大规模流血冲突的地方，回到一个相对和平的环境，以您的背景来看，显然您也有过这种经历。这是个诡异的转换。回到办公室，我的同事们相当诧异地——尽管有所掩饰——和我打招呼，因为明知入境时可能遇到麻烦，我却不曾理会母亲的嘱咐，没有刮掉留了两个星期的胡子。这对我来说也许是种抗议，是自我身份的象征，抑或是我想要提醒自己不要忘记我刚刚抛下了什么。然而我现在已经记不起当时的确切动机，只知道我不希望和那些脸刮得干干净净的年轻同事一样。出于多种原因，怒火在我的内心深处燃烧。

我这种肤色的人脸上留的胡子，竟然会对您的同胞造成如此大的冲击，而这不过是一种造型而已。以往坐地铁时我能自然地融入人群，现在却不止一次地遭到陌生人的辱骂。在安德伍德·桑森，我似乎一夜之间成为众人背后议论和当面侧目的对象。韦恩莱特试图给我一些友好建议。"听着，伙计，"他说，"我不知道你的胡子是怎么回事，可我不觉得它会让你变成这里的红人。""留胡子在我们那里很平常。"我告诉他。"我们那里还流行吃辣味烧鸡呢，"他说，"但我也不能把调料抹脸上啊。你得小心，别人只是不好意思当面对你怎么样而已。相信我。"

我感激朋友的关心，但没有采纳他的建议。虽然进行过一轮裁员，但一月份公司没什么活儿，我坐在桌前无所事事，只能上上网，关注印巴冲突的新闻、专家对印巴地区军事实力对比的分析与战争前景预测，还有地区的紧张局势对两国经济造成的负面影响。美国在世界上惹出这么大的麻烦——在阿富汗掀起全面战争，纵容一个国家侵略比其弱小的国家，正如印度现在对巴基斯坦所做的那样——竟然没有在本土尝到明显的苦果。

尝试着六周没有和艾丽卡联系后，我终于打电话给她，因为她的手机总是关机，我又给她发邮件。鉴于她需要静养，我原本只想写一封简单的问候信，礼貌地打个招呼，但实际上为了写它，我花了好几个小时，也许这是我写过的最长的信。我给她讲了我生活中发生的事，包括上班和在家时，以及我最近经历的混乱状况。我还告诉她我多么想念她，我不知道她去了哪里，为什么要走。过了好些天她才回复，"我在一个类似诊所的地方，"她写道，"一家疗养机构，我也想念你。"她邀我去看她，因为面对面回答我的问题更容易。

从城里开车到疗养院需要一下午的时间，那是一座占地五十英亩的别墅，俯瞰哈德逊河。在接待区，一位护士迎接了我。"你一定是昌盖兹，"她说，"艾丽卡给我讲了很多关于你的事。""我是，"我说，"你怎么知道的？""你的睫毛就像美宝莲广告，"她回答，"她是这么说的。"就在我惊奇于艾丽卡竟然会说这样的话时，护士说，艾丽卡刚才一直在等我，后来她等得有点儿心焦，就去散步了，请护士代她向我解释一下。"这么说，她不会见我了？"我问。护士笑了笑。"当然会的，亲爱的，"她说，"但有时候在这种地方见面，人们会觉得尴尬。她认为如果我先和你说一下，你们两个就不会觉得不自在了。"她拍拍我的手，然后补充道，"我就像你下池游泳之前冲的那个淋浴。"

护士告诉我，我必须明白，艾丽卡爱的是别人。她知道我听到这些不会好受，但她还是要说。虽然我和护士都知道艾丽卡爱的那个人已经去世了，但对她而言，他还活着，这就是问题所在：艾丽卡陷在幻想中难以自拔，无法像正常人一样生活，然而她却认为幻觉比现实更真实，更有意义。如果在这里生活、与其他人分开的话，艾丽卡会觉得更自在，因为这里的人可以随心所欲地活在自己的脑子里。"不过她最后总会离开这里，"我说，"也许那时她会愿意和我在一起。"护士摇摇头。"也许吧，"她说，"但现在你是她最难以面对的人。你最容易使她不安，因为你最有现实感，会让她失去平衡。"

护士建议我到一条穿过林间空地的小径尽头寻找艾丽卡，在一座小山顶上的灌木丛中。她果然在那里，坐在一条原木砍削成的粗糙长凳上，穿着厚外套。听到我走过去，她转过身来。她憔悴瘦弱，脸上的皮肉仿佛被突出的颧骨磨得发青了一般，神情中有种近乎虔诚的热切。她向我伸出手来，但我没有握住它，而是吻了它，用嘴唇触碰她那双冬天戴的化纤手套。她笑了。"你看上去真可爱，"她说，"你的胡子很衬你的眼睛。"我觉得她就像即将结束长达一个月封斋的信徒，已经被祷告和诵经搞得精疲力竭，甚至没心思考虑开斋晚餐吃些什么，但我没把这个想法告诉她。

她把胳膊伸给我，我们一起散步，呼出的白气云雾般挡在眼前。"这里是现在最适合我的地方，"她说，"在这儿我觉得很平静。""你看上去确实很平静。"我说,虽然很想补充一句"太平静了",但是忍着没说。"抱歉这段时间一直躲着你,"她说,"我不是不想见你,而是不希望把你扯进来,让你受伤害,我认为还是这样对你最好。""我为什么会受伤害?"我问。"你关心的人走掉的时候,你会受伤害。"她回答。"可是你要去哪儿呢?"我问。她耸耸肩,没有回答。

我们沉默着继续前行,脚下的雪发出嘎吱嘎吱的声音,我的耳朵冻得疼起来。"你在这里写作吗?"我问。"没有,"她说,"我不喜欢写在纸上了,我更愿意思考,想象出很多东西来。""我有时会出现在你的想象中吗?"我问。"有时候吧。"她微笑道。"那你想没想象过奇怪的性游戏,"我说,"和一个怪异的外国人玩角色扮演?"她笑出了声,抓紧我的胳膊,表情这才柔和下来,看上去甚至有些脆弱,然而她接下来又退回到自我里面。"你帮助过我,"她说,"你人很好,很真诚,谢谢你。"

显然对她而言我已经成了过去时,这是最让我吃惊的,我感到内心深处的希望破灭了。尽管如此,我还是说:"没什么好谢的,打起精神来,和我回纽约吧。"但我说话的语气并没有什么说服力,她把头搁到我肩上靠了一下,却并不想回应我。和她肩并肩走向疗养院的主楼时，我拿眼角的余光看着她，想知道她现在这种超然和禁欲主义的状态是否来自药物的作用。我也有过瞬间的冲动，想劫持她，塞进我租来的车里带走。我的悉心照料当然要比她在这里吃的药，更有可能帮她重返现实世界，但我立刻意识到这样的举动实在荒唐，而且对她也不尊重，因此什么都没做。

"你知道怎么滑雪吗？"她问我。"不知道，"我说，"我从没滑过雪。""克里斯和我，"她说，"过去我们每年冬天都滑雪，一般是去科罗拉多，有时去佛蒙特。我们甚至在中央公园玩过越野滑雪，那是小的时候，我们每人得到一副滑雪板作为礼物，就带着它们偷偷溜过去了，后来才发现惹出了麻烦——我们的父母报了警。不过很好玩。这个地方让我想起了以前滑雪的时候，尤其是山坡上的雪，又松又软，你也应该玩玩的。"我们来到铺着砾石的车道上。"你得带着我一起去。"我说。她摇摇头。"不行，"她说，"就算没有我，你也要去，试着快乐起来，好吗？对于这一切，我很抱歉。请照顾好你自己。"

她给了我一个拥抱，然后站在那里，看着我。可是他已经死了！我很想这么对她喊，然而我所能做的只是忍住不去吻她，也许我应该吻她的。我必须作出选择：继续尝试赢得她的爱，还是在接受她的祝福之后离开。最终，我选择了后者。开车回去的路上，我告诉自己，也许这是一场被我搞砸的考试，也许我应该冒险试一下。想到这里，我差点儿就要掉头回去，可最后并没有做到。如果我回去，情况既有可能出现反转，也有可能毫无改变。

此后我在办公室里总是郁郁寡欢，时而愤慨不平，想着艾丽卡，挂念我的家人，以至于疏忽了本职工作，根本不想争取到新的项目来做。我甚至有点儿希望有人走过来，给我一张粉红色的辞退通知，结束这种生不如死的痛苦。然而不仅没有人辞退我，吉姆反而把我叫了过去，出人意料地鼓励了我。"听着，孩子，"他说，"这里的一些人觉得你看上去有点儿邋遢，比如留胡子什么的。坦白说，我根本不在乎你什么样，最重要的是业绩，反正我只关心这个。你是你们那批里面最优秀的分析师，我知道巴基斯坦最近发生的事肯定让你不好过，可你需要让自己忙起来。我承认公司现在的业务不多，但我有个新项目，评估智利瓦尔帕莱索的一家出版公司，只能派一个副总裁和一名分析师去，我一般会把它安排给更有经验的人，但我这次选了你，你觉得怎么样？""谢谢你，先生。"我小声说。他笑了。"有点儿热情好不好，拜托。"他说，随即又补充道,"这个项目责任重大,也没有多少人支援你。""相信我。"这一次我尽可能诚恳地说,但我不知道我的表情是否真的有说服力。因为尽管吉姆笑着回应了我的话,他的表情却带有一丝疑惑。

可是您怎么不吃啦,先生?您吃饱了?很好,我就不勉强您了。我要些甜点吧,一份撒了杏仁片和小豆蔻的大米布丁。夜色越来越浓了,来点儿这个可以点亮您的心情。您或许不习惯这样的口味,但我建议您试试,至少尝一小口,毕竟您国家的士兵作战的口粮里还有巧克力呢。吃着这样的甜食,恐怕无论执行多么血腥的任务都可以让人接受吧。

10

先生,您这种胳膊环住旁边空椅子背的坐姿,加上您穿着的薄西装,很容易让人看到您的前胸侧面有个凸起,这里是我们国家的便衣特工——其实所有国家的特工都这样——放枪套的地方。别,别,请不要为了我调整您的姿势!我可不是说您也带着枪。我敢肯定那是您的钱夹子,放在那里是为了旅行时防贼。

我自己去智利的时候并没有采取这样的预防措施,我们又坐了头等舱,但奢侈的客舱不再让我觉得兴奋。吉姆像平常一样先陪同我们过去,那位副总裁则是我此次任务的直接上司。乘务员好几次要给我们端香槟,和他们相反,我每次都婉拒了。飞机上的几个小时里,我不吃也不睡,一直想着另一片大陆上发生的事,而且不止一次地后悔踏上这段旅程。

我想知道我能做些什么来帮助艾丽卡，上次看到的她憔悴孤单、了无生气的样子让我心碎。这使我想起小时候家里养的那条狗临死前的样子，它因为用了某个牌子的驱虫粉而死于白血病，后来兽医警告我们不要再用那个牌子。但折磨艾丽卡的并非白血病，她的身体没有疾病，精神紊乱并非由身体失调导致，她得的是心病。我成长的环境中，人们习惯于参加各种传统神秘的心理治愈仪式，在这种环境的熏陶下，我很难理解他人的关心、爱和期望竟然无法影响一个人的精神，而且关键在于我想弄明白自己为什么无法穿越她的心理防线。直接的突破已然被她拒绝，但如果洞察力足够，或许可以通过潜移默化的方式打动她，只能如此尝试，别无他法。虽然我们好几个月完全没有联系，但我对她的渴望始终没有减少。

我正是在这样的精神状态下抵达了圣地亚哥，从机场乘车前往目的地，除了短暂等待维修人员开着铲车移走路中央的红土块之外，一路都很顺利。红土是智利中央山谷地区的特产，还没有看到目的地，我们就已经嗅到了它咸涩的气味。瓦尔帕莱索坐落在太平洋边，被一圈新月形的小山包围。

出版公司的首席执行官是一个名叫胡安·包蒂斯塔的老人，喜欢抽不带过滤嘴的香烟，戴运动墨镜，镜片厚得能在大晴天把纸点燃。他让我想起我的外祖父，一见面我就喜欢上了他。"你们对书知道多少？"他问我们。"我擅长的领域就是媒体行业，"吉姆回答，"过去二十年里，我评估过十多家出版公司。""你评估的是财务状况，"胡安·包蒂斯塔反驳道，"我问的是你们对书知道多少。""我父亲的叔叔是个诗人，"我不由自主地开口道，"他在旁遮普很有名，我家的人都爱书。"胡安·包蒂斯塔看着我，似乎刚刚意识到我这个年轻人的存在，那次会面中我再也没说更多的话。

后来，吉姆对我们解释说，胡安·包蒂斯塔不欢迎我们来。虽然他管理这家公司很多年，但并不是公司的所有者。股东们想出售公司，潜在买主——我们的客户——不希望再拿利润丰厚的教育与职业培训图书部门赚来的钱，填补销售部的亏损。销售部旗下的文学作者早已成为公司的拖累，无论从何种实际目的来看，该部门都无法自给自足。我们的任务是评定一下，如果砍掉这些拖累的话，公司资产价值还有多少。

我们在一间虽然陈旧却装潢高雅的会议室里办公，室内摆着一张椭圆形的大桌子，四壁都是书架，刮大风时，我能听到窗外的木质防风百叶窗被气流掀动的闷响。因为正值南半球的夏季，下午天气炎热，但早晨有时会起雾，把我们冻醒，这时我会庆幸自己带了羊毛外套。两天后吉姆回去了,离开前,当着我的面,他告诉副总裁,他相信我会表现得很出色。可尽管我的笔记本电脑开着、网络连着,纸笔就在手边,我却无法专心工作。

与此相反,我带着极大的耐心读起了网上关于印巴冲突的新闻。据说两国正在进行针锋相对的弹道导弹测试演习,一批外国政要陆续访问两国首都,敦促印度政府停止挑衅,同时要求巴基斯坦作出一定让步,避免灾难爆发。先生,我很想知道您的国家在这件事里扮演的角色。当然,为了阿富汗的战事,美军在巴基斯坦建立了基地。所以美国只能告诉印度,进攻巴基斯坦就相当于攻打美国的盟友,会遭到具有压倒性的美军力量的回应。但是当时您的国家很明显地没有这样做,而是在两个潜在敌手间保持严格中立。就当时而言,这样的立场对于较强大的一方是有利的。

在应该收集数据和建立财务模型的时候,这些想法就一直困扰着我。此外,瓦尔帕莱索这个颇有情调的城市本身也非常容易使人分心,这里的街道和山坡上弥漫着一种伤感氛围。我在网上读过它的历史,发现一个多世纪以来它一直处于衰退之中。这里曾经是极具军事价值的重要港口,因为它是船只从太平洋前往大西洋的最后一站。而自从有了巴拿马运河，它的地位就不复从前，但你仍然可以想象瓦尔帕索莱昔日的繁荣。我不禁想起了拉合尔，还有我们国家的一句老话：从废墟中也能发现曾经的美丽。

我感觉那位副总裁对我越来越不满，但这不能怪他。他从早晨工作到深夜，却得不到唯一的队友的支持，可怜的家伙。我每天都假装很忙，但一天天过去，随着期限的临近，他失去了耐心。"听着，伙计，"他说，"这是怎么回事？你什么都没完成，我知道你很有能力，但我发现你最近效率很低。你需要什么？你希望我帮助你建模还是需要更多指导？尽管告诉我，我都可以答应你。但看在上帝的分上，振作起来。"他是个声誉卓著的经理人，我或许应该把自己内心的困境告诉他，然而我们并没有什么私交。所以我道了歉，承认他说得对，不过他不需要担心，因为我会加倍努力。"一切都在掌握之中。"我尽量用安慰的口吻说。

我的话似乎只是暂时令他满意，因为我知道他大概已经开始反感我，毕竟我的失职让他变得手忙脚乱。而且我也开始反感他，他那副敬业的样子完全无法引起我的敬意。没错，我曾从公司提倡的这种全心扑在工作上的企业文化中得到过安慰，但现在我意识到，他们只是一味地努力追求财务方面的美好未来，完全忽略了影响个体情感的重大个人和政治问题。换言之，我不再是原先那个一叶障目的工作狂，反而因为视野一下子变得开朗许多而头晕目眩，不知所措。

心不在焉地参加各种会议时，我发现胡安·包蒂斯塔在注视着我。他的办公室门一直开着，坐在办公桌前，他可以看到走廊里。有一次我从门口经过，他把我叫进去。"我查找了一下旁遮普当代诗人的资料，"他说，"你父亲的叔叔叫什么名字？"我告诉了他，他点点头，说他在一本翻译成西班牙语的诗集里见到过我叔公的名字。我听了既惊奇又高兴，但我还没来得及说话，他就继续道："你看上去和你的同事很不一样，你好像挺茫然。""没有的事，"我连忙否认，然后又补充道，"但我也必须承认，瓦尔帕莱索深深地打动了我。"他建议我参观聂鲁达的故居，但必须白天去，因为晚上不开放。然后我们的简短谈话就结束了。

我一直不明白胡安·包蒂斯塔为什么对我另眼相看。也许他天生具有强大的共情能力，看穿了我的窘境，好心帮我解决困难；也许他发现了自己的敌人之一的弱点，可以轻易将我这位对手击倒；也许这次对话只是偶然。从感性层面出发，我更愿意相信第一种可能性。但无论如何，胡安·包蒂斯塔为我的心灵反省之旅提供了动力，这段旅程直至今天还没有结束。

这个话题留到后面再说，现在我们的甜点来了，他只拿来了一个碗，您好像不愿意再尝了，我也是。我现在已经很饱了，您觉得呢，先生？啊，您皱起来的嘴唇说明了您的反对，您说太甜了？有意思的结论，因为我一直觉得您国家和我们的国家的人一样嗜甜。但也许您不是典型的美国人，您的阅历丰富，恐怕早就厌烦您国家的各种碳酸饮料和冰淇淋甜品了吧。

那年一月我去到了很远的地方，但我觉得聂鲁达的家乡似乎离拉合尔并没有多远。当然，从地理上讲，它可能是地球上距离拉合尔最远的地方，但就精神而言，那里仿佛只是我从拉合尔坐大篷车，或是夜间沿拉维河和印度河而下就能抵达的地方。我告诉副总裁我要去一个分销中心看一下，然后就进了山，一路走到高处。我转回身眺望海洋，看到海鸥在与我一样高的空中盘旋。附近是一处贫困的街区，墙上有涂鸦般的彩色壁画，孩子们推着小木头车互相追逐，这些小车大概是由装了轮子的板条箱做的。聂鲁达故居的房屋紧凑美观，仿佛一艘准备扬帆出海的船。下方有个花园，栅栏后面有只凸面镜，聂鲁达曾经用这面镜子让他的客人相信他们已经醉了。我在露台上徘徊，看着夕阳缓缓落下。有人在远处弹吉他，调子很精致，但没有歌词。

我想起了艾丽卡，突然觉得我想要与她沟通的尝试之所以失败，一部分是因为我不知道自己在各种问题上的立场，缺少稳定的主见。我不确定自己究竟属于纽约还是拉合尔，或者同时属于这两个城市，抑或是两者都不属于。因为我自己的身份脆弱不堪，当她向我求助时，我不能给她任何实质的东西，所以我试图扮演克里斯。然而在扮演的过程中——加之无法为她的怀旧对象找到替代品——我可能把艾丽卡推向了更为困惑的深渊。我决定给她写一封邮件表示歉意，也许还可以邀她与我恢复联系。我记得邮件写好后，我没有再读一遍就按了发送键。

然而日子一天天过去，我始终没有收到回信，我开始觉得她不会回应我了。我给我的父母打电话，他们告诉我巴基斯坦的形势仍然不稳定，据说美国对印度的行为采取了纵容的态度，两个国家试图用武力威胁巴基斯坦改变策略。此外我们家的主自来水管爆裂了——管道年久失修——现在的水压很低，没法洗淋浴，家里人只好用长柄勺和水桶冲澡。这让我再次意识到我眼下处境的荒诞，在家人需要我的时候，我却在地球的另一端。

我唯一能帮到他们的方式就是寄钱，我把仅有的一点儿积蓄汇给了我哥哥，因为我父亲不要我的钱。给银行打电话转账时，我应该要意识到工作的重要性，毕竟除此之外我没有其他收入来源。然而我对工作依旧提不起兴趣，这一点再也瞒不过副总裁，他愈发对我不满。但令我奇怪的是，他并没有让吉姆找人替换我，不过我很快意识到原因：在我们公司，即便是副职的工作也是完全独立自主的。一位出色的副总裁应该单枪匹马就能把事情搞定，无论遇到什么情况，都不能贸然向公司求援，否则上司会怀疑他的能力。

至于我自己，我显然跨入了人生变革的门槛，只需要最后的催化剂——胡安·包蒂斯塔请我吃的那顿午餐。他的邀请令我始料不及，那天我只是路过他的办公室，他就轻描淡写地告诉我，来到瓦尔帕莱索却不尝尝那里的盐渍海鲈鱼会被人耻笑。而他当天下午恰好要去他最喜欢的那家饭馆，如果我有空，就该抓住机会和他一起去。出于礼貌和好奇，也因为我巴不得找借口离开气氛压抑的会议室，我表示这是我的荣幸。接着我便跟着这个最希望我们客户的收购计划失败的人，穿街过巷，朝他说的饭馆走去。

胡安·包蒂斯塔戴着帽子、拄着手杖走路，步速缓慢。如果他在纽约以这样的速度过马路，说不定是违法的。我们落座后，他代表我们点了餐。他说："我一直在观察你，可以毫不夸张地说，年轻人，你看上去心情不好。我能问你一个相当私人的问题吗？""当然。"我说。"做这种破坏别人生活的工作是不是让你觉得心烦？"他问。"我们只是估价，"我说，"至于是否买卖，我们说了不算，估价完成后公司的命运并非由我们决定。"他点点头，点了一支烟，喝了一口红酒，然后问："你听说过土耳其苏丹的禁卫军吗？""没有。"我说。"被奥斯曼帝国俘虏，并且在穆斯林军队里受训成为士兵以前，他们是信基督教的小孩。当时的穆斯林军队是世界上最强大的部队，后来这些孩子变得非常勇猛，而且绝对忠于苏丹：因为他们亲手毁掉了自己国家的文明，所以就再也回不去了。"

他把烟灰磕进一只碟子。"你去美国时多大？"他问。"我去上大学。"我说，"那时我十八岁。""啊，大多了，"他说，"苏丹禁卫军都是从小被抓去的，如果等他们完全记事的时候再抓，就不容易让他们对外族效忠了。"他若有所思地笑道，却再也没有继续这个话题。我们的食物很快端了上来，海鲈鱼也许像他说的那样美味，然而遗憾的是，我已经忘记了它的味道。

但是从您的表情看来，您似乎觉得有什么不妥，您说这场对话不像是真的？连这个所谓的胡安·包蒂斯塔都像是虚构出来的？我向您保证，先生，您可以信任我。我没有胡编乱造的习惯！而且，就算我是那种人，也没有理由在我给您讲的这么多往事里，单挑这一件来说谎。好啦，好啦，我们既然已经聊了这么久，您现在才提出这种质疑，是不是有点儿晚？

不管怎样，胡安·包蒂斯塔的话让我陷入更深的自省，那天我彻夜未眠，思索自己到底变成了什么样的人。毫无疑问的是，我变成了当代的苏丹禁卫军——美利坚帝国的仆役，而它正在侵略与我的国家有亲缘关系的邻邦，甚至将我的国家置于战争的威胁之下。我当然会感到矛盾挣扎！甚至觉得自己精神分裂！我已经把自己的命运和安德伍德·桑森的人（还有帝国的官员）捆在一起，然而我却倾向于同情像胡安·包蒂斯塔那样的人。相较自身的利益，帝国认为他们的生命分文不值。

次日早晨，我像面对行刑队那样——不，这样说太夸张了，但您明白我的意思——告诉副总裁，我拒绝继续工作下去。他起初没有听懂:"你是什么意思?拒绝?""我不干了,"我说,"我打算回纽约。"他立刻联系了吉姆。"听着,孩子,"吉姆的语气中有种少见的忧虑,"我知道你有心事,但如果你现在放弃,就是给公司拆台,也会伤害你的团队。在战争期间,士兵并非为了他们的国家战斗,昌盖兹,而是为了他们的朋友和伙伴——他们的队伍而战。好了,现在你的队伍要求你留下,项目完成后,如果你需要休息,尽可以去休息。"

我必须承认,吉姆的话让我犹豫了。我非常敬佩他,他也总是支持我,现在我却打算背叛他。即便公司派人来替换我,那时项目很可能到了截止期限。吉姆让我来是出于对我的信任和慷慨,我却用一记响亮的耳光报答他。更无耻的是,我在公司的困难时期做出这种行为,而且如果失去工作(这几乎是一定的),我的签证随即也会到期,我将被迫离开美国。但那一刻我决定不去考虑这些事,我也不去想自己是否放弃了与艾丽卡在一起的希望。我只清楚我单纯专注于基本事务的日子结束了。于是,第二天晚上,我比原计划提前两周登上了前往纽约的飞机。

啊,我们的侍者端来了绿茶,饱食后的完美饮料,十分有助于消化。出色的服务,对吗?召之即来,不知道的人还以为他一直在等待我们的吩咐呢。不过时间也不早了,没有那么多的顾客转移他的注意力了。

*11*

说来奇怪，公共空间变得空旷之后，给人的感觉也会变。比如废弃的游乐园、关门的歌剧院，还有门可罗雀的旅馆，在电影里，这些地方都是恐怖事件发生的场所。一如现在这个市场：游客们陆续走光了，泛出一丝冷清凄凉的气氛。也许是阴天的缘故，月亮隐藏在厚重的云层背后，也许因为小巷里昏暗的阴影让人搞不清方向。但我认为，最让人不安的是我们的孤独——虽然身处一座城市的中央，却依旧形单影只。啊！先生，您闻到了吗？和煦微风卷起的尘土的气息？这是来自南部沙漠的味道，如果在您的国家闻到这种味道，那就说明很快会有一只风滚草球经过这座灯光昏暗的舞台了。

　　虽然从圣地亚哥飞往纽约的机舱里气氛轻松，光线明亮，而且几乎坐满了人，我的心情却更接近此刻的氛围，没错，我沮丧透了。我只觉得非常反感美国在世界上到处管闲事的行事方式，这是别国所不能容忍的。越南、朝鲜、中东和现在的阿富汗——在我生长的亚洲大陆发生的各种主要冲突和对峙中，你们都扮演主角。此外作为巴基斯坦人，从我自己的经历来看，我们既接受过美国的援助，也遭到过你们的制裁，所以美国行使霸权的手段主要是经济。我拒绝继续参与你们这种渗透项目的做法是正确的，唯一出乎意料的地方在于，我竟然用了这么多的时间才作出决定。

我决心回纽约后用前禁卫军的目光看待周围，也就是说，用普林斯顿毕业生和安德伍德·桑森员工的专业分析视角打量世界，同时不会受到学术与职业规定的约束，防止片面，从而得以自由思考你们国家社会的全景。通过这样的观察方式，我这才惊觉，你们的帝国是如此的传统。我想进入的关卡随处都有武装卫兵把守，作为可疑人种的一员，我必须接受比别人严格得多的检查。通关后，我雇了一位因非法居留，不得不做着低薪工作的行李工，如果说他属于奴隶阶级，我则是签有契约的仆从，我的居留权取决于雇主的善意。谢谢你，胡安·包蒂斯塔，我一边躺在自己的床上一边想，谢谢你帮助我拉开了帘子，让我看到了后面掩藏的东西！

我当时一定处在某种奇特的情绪状态中，半梦半醒，因为早上醒来时我的感觉和以前完全不同，直到那时我才意识到自己放弃的东西多么重要。没有钱和家庭关系，年纪轻轻的我如何才能获得现在这样的可观收入？我难道不会想念这座充满可能性的城市吗？不会想念它神奇的活力和激动人心的感觉？我对艾丽卡的责任怎么办？或者说我该如何为自己对她的欲望负责？我又该怎么面对吉姆？

先生，如果您曾经和深爱的人分过手，您也许会理解我当时的感受。那种情况下我们通常会说出不可思议的话，随后是终于得到自由的狂喜感，世界变得很新鲜，仿佛第一次看到。然后是不可避免的怀疑期，充满绝望和悔恨。再过一阵子，等情绪消退，这时你才能平静回顾整个经过。我的怀疑和悔恨来得很快，根据我平时的经历，对人类而言，它们总是来得最快的。当我乘上地铁到安德伍德·桑森做最后一次工作报告时，我仿佛处于休克状态，就像一个人看到自己的膝盖反常地扭曲着，却暂时还没有感觉到疼痛那样。

请不要误会，我并不认为自己犯了错误，不，我只是不服气，我没有犯错。换言之，我只是想不通。无论如何，自尊心迫使我假装并未受到内心痛苦的影响，我不允许自己的目光在公司的前台停留——那里让我想起金碧辉煌的宏伟神庙——也禁止自己欣赏窗外的壮观景色。我不允许自己拿走哪怕是一盒属于我自己的名片,那上面的优雅字体证明了我曾被这家著名的公司从数百名竞争者中挑选出来。我只是由着两个保安一左一右地看着,把几件个人物品放进一只小纸箱,然后来到人力资源部进行离职前的谈话。

所谓的谈话出人意料地简短,却一本正经得令人生畏,不过并没有指责我。在我填完必要的表格、提供了与业绩提升有关的数据之后,人力主管告诉我,吉姆想和我说话。我看到吉姆穿了一身暗色西装,领带也是暗色的,我觉得这简直是参加葬礼时选择的颜色。他看上去似乎睡眠不足。"你真的害苦了我们,孩子。"他说。"我知道,"我说,"对不起。""我不喜欢在工作场所感情用事,"他继续道,"决定开除你的时候我也没有多想。实际上,我希望一个月前就开除你,省得你在瓦尔帕莱索给我们惹麻烦。不过,"他顿了顿,"我想告诉你,我喜欢你,昌盖兹。我看得出你正在经历一场危机,如果你需要倾诉或者只是聊聊,可以给我打电话,我请你喝一杯。"我的喉咙发紧,不知该说什么,只能缓缓点头,有点儿像在给他鞠躬。

离开吉姆的办公室,我大步朝电梯走去。这时我才意识到过去的几个星期里，我的胡子和满脸戾气引发了同事们的诸多疑虑。韦恩莱特是唯一走过来和我握手道别的人，至于其他人，即便他们愿意看我一眼，也带着明显的不安，有些甚至是恐惧。仿佛我被指控谋杀他们，而不是在执行项目时半途放弃。直到我走出大楼，保安才从我身旁离开，那一刻，我才允许自己抬起手背揉眼睛，因为我的眼睛已经有点儿湿润了。

您一定还记得，当时我只有二十二岁，而这是我的第一份正经工作。在那个年龄，在那样的情况下，许多事件都会轻易地引起我的情感反应，而且反应的程度往往倾向于夸张。当时我觉得好像到了世界末日，事实也的确如此。我步行返回我在东村的公寓，觉得路人大概会认为我很奇怪——一个精神恍惚、须发蓬乱的巴基斯坦人，抱着一只没有任何标记的纸箱子，穿过曼哈顿的中心地带——然而我不记得听到来自他们的负面评论，抑或是我太专注于自己的想法，并不在乎是否被别人注意。

回到公寓，我给自己倒了一杯威士忌，坐下来思考。天色尚早，还没到中午，于是我决定给家里打电话。接电话的人是我哥哥，他说他已经收到了我寄的钱，工人们也挖出了我家烂掉的水管，第二天他们就会换好新水管。我告诉他，我决定搬回拉合尔，他试图劝阻我，因为印巴之间的紧张局势还在升级。他说他最近去了伊斯兰堡，看到在那儿的大使馆和为非政府组织工作的外国人已经开始让家人们回国了。我解释说我别无选择，"我被炒了，"我说，"我的签证很快就到期了。"他告诉我家里人会照顾我的，我没有说我希望自己成为照顾他们的那个人。挂掉电话之后，我又守着酒杯坐了很长时间。

可是您自己的酒杯，先生，已经空了好一阵了，需要我结账吗？招个手就行，瞧，他来了，您问多少钱？不劳您费心，您是这儿的客人，而且这顿饭钱对我来说只是很小的数目。您希望付一半？绝对不行，我们这儿的规矩是要么全部买单，要么不付钱。您让我想起初到你们国家时，我被你们连熟人之间吃饭都要各自付账的习俗吓住了，因为我们国家的传统是无须如此斤斤计较。不过后来我也同时习惯了两种观念，觉得各有各的道理。

但是，在如何联系躲进精神疗养院的恋人方面，我却没有现成的传统可以参考，不知是给她继续发邮件好，还是直接跑过去见她。最后现实替我作了决定：我的邮件被退回来了，原因是她的收件箱已满。于是我租了一辆车，没提前打招呼就出现在疗养院门口。前台告诉我，没得到邀请的访客是不受欢迎的——而且他们也没说艾丽卡到底还在不在——就在对方准备请我离开的时候，我看到上次遇见的那位护士，于是请她帮我交涉一下。

"我会和他说说的。"她这样告诉接待员，之后把我领到一边。她看上去很不安，建议我先坐下。"你知道什么？"她问我。"我知道什么？"我说，"关于什么的什么？""抱歉，"她说，"艾丽卡走了。"我问她"走了"究竟是什么意思。护士解释道，艾丽卡大约两周前消失了，就是我最后一次见到她之后没多久。初来疗养院时，她并不习惯独处，喜欢和护士、咨询师和病友们在一起，和我谈话的这位护士和她的关系尤其好。然而后来艾丽卡越来越愿意独自散步，直到有一天，她出去后再没回来，人们在俯瞰哈德逊河的石头山崖上发现了她的衣服，整齐地叠成一堆。

"你想告诉我她自杀了？"我问。"他们并没有发现任何遗骸，"护士说，"她也没留字条。严格来说，她还处于失踪状态，但是她的确对每一个人说了再见。"我问护士能否带我去艾丽卡可能跳崖的地方看看，她带我穿过几块林地来到那里。真是个适合自杀的地方，风景优美，一道花岗岩石崖从白雪覆盖的针叶树林中探出来，姿态仿佛一艘帆船，径直指向远处的河岸。岸边小房子的烟囱里冒着白烟，悬崖下方就是冰冷的河水。但我无论如何也想象不出，艾丽卡苍白赤裸的身体，会划出那样一道弧线坠入水中。

于是我开车回城里，直接来到她的公寓，艾丽卡的母亲没有化妆，我发现她的眉毛很细，好像没有一样。我告诉她我刚从疗养院过来，问她是否有艾丽卡的消息，她母亲盯着我，似乎我刚刚用耳光扇醒了她。"没有，"她缓过神来，有气无力地说，"很抱歉。""请你明白，"我说，"只要能帮上忙，我愿意做任何事。""谢谢你。"她邀请我进去，告诉我搜救队会继续寻找艾丽卡，报纸上也登了寻人启事，除此之外并没有别的办法。我们尝试着聊些无关紧要的事，却发现很难做到。她问我近况如何，我说我刚被解雇，我问她同样的问题，她只能无奈地苦笑，于是我们就这样沉默地坐着。然而我离开之前，她做了两件事——我猜这是出于好意：第一，她告诉我，艾丽卡提起过，我留胡子显得很英俊；第二，她给我一份艾丽卡手稿的复印件。"也许，"她母亲说，"你会想要读一下。"

过了一个多星期我才有读它的想法，此前它就一直静静地躺在我的电视机顶上。这一个星期里，我一直期待艾丽卡会给我发邮件、打电话或者传呼，然而毫无动静。我在城里四处游荡，重新造访她带我去过的地方，但我不确定这是因为我期望再次见到她，还是因为我想找到一些属于我们两人的东西。有几处地方好像消失了一样，仿佛不曾存在过，比如我们第一次约会时去的那家切尔西的画廊，我再也没有找到它。而另外一些地方，比如我们一起野餐的中央公园的某处，虽然很好找，看起来也似乎变了样。或许是换季的关系，或许纽约的特点就是善变。

我想起了九月时的艾丽卡，那时我们刚开始交往，世贸中心刚遭到袭击。虽然九月容易让人联想到夏天结束秋天来临，但我总觉得九月是个开始的月份，就像春天那样，也许这是因为它是开学季。我就是在九月开启自己在纽约的新生活的，那个时候我对未来满怀憧憬，乐观无比。一天晚上，我和艾丽卡走过联合广场的时候，我们看到一只萤火虫。"看！"她赞叹道，"它想和大楼的灯光比亮度呢。"她说得没错，那团绿莹莹的光只有凑近了才能看见，稍拉开点儿距离就会被城市的灯火掩盖。我们看着它穿过第十四街向南飞去。艾丽卡站在我前面，背贴着我的胸口，我搂着她，手掌放在她肚子上。这是个令人感觉亲密的姿势，好像一位准爸爸拥着他怀孕的妻子。她靠在我的身上，我依然记得她呼吸时肌肉的张弛。一辆出租车加速驶过，萤火虫从我们的视野中消失。"你觉得它飞到目的地了吗？"她问我。"我不知道，"我说，"但愿吧。"

她失踪后，这些回忆占据着我白天清醒的时间，很可能也侵扰了我的梦境，它们是那段时期我与她联系的唯一方式。最终我还是读了她母亲给我的书稿。我必须承认，我不敢去读，因为那可能是我最后一次倾听艾丽卡的声音。对于读它时将会听到什么样的声音，我感到十分紧张。然而她的小说并非是令人痛苦的自传式作品，只是个简单的冒险故事：一个女孩的荒岛求生。叙事基调是乐观的，虽然大部分内容相当松散，经常停下来描述种种小细节，比如掉在地上的野果的表皮纹理，或者溪流中小龙虾摇动的触须。

我无法在文本的节奏或者音韵中找到艾丽卡本人的影子，这样做看起来并不对路，我得不到任何线索。全书的目的性太强，并且只是一个故事，没有任何隐藏含义，不过我也很受感染。放下书稿时，虽然并不知道艾丽卡是生是死，但我开始理解了她选择不成为我的故事中一部分的原因。因为她自己的故事已经非常引人入胜了，而且她以自己的方式走向了故事的结局，沿途经过的地方都是我无法企及的。我意识到自己别无选择，只能作好离开的准备。

虽然很想说我在纽约的最后几天,是在一种有所领悟之后的平静状态中度过的,但这完全与事实相反。我几乎像个疯子一样语无伦次,时而愤怒,时而焦虑。有时我躺在床上,思维钻着牛角尖,不停地想着同样的问题:艾丽卡为什么离开?她到底去了哪里?有时我会不由自主地走到街上,挑衅般地展示自己的胡须,很想激起路人的愤怒,然后和他们打一场。歧视自然无处不在,那时在你们国家可以听到各种侮辱性的言辞——不仅来自政府,媒体和那些本应以客观为准则的记者也在发出同样的声音——它们早已为我的怒火备好了取之不竭的燃料。

那时在我看来——老实说,先生,我现在也这么看——美国只会装腔作势。你们的社会不愿意反思痛苦,而这种痛苦是你们和袭击了你们的敌人所共有的。你们一味强调差异性,并且以此为借口,拒绝正视共性,在世界的舞台上进行夸张的表演,结果整个星球都被你们的愤怒撼动,包括我的家人,他们正在数千英里之外面对战争的威胁。为了其他人的利益,也为了你们自己的利益,必须有人制止这样的美国。

我决心尽我所能做到这一点,但首先我不得不离开美国。

一个凉爽晴朗的下午,我开车来到肯尼迪国际机场,那个下午让我想起自己开车去疗养院,站在悬崖上俯瞰哈德逊河的时候。我仿佛看到艾丽卡脱掉衣服,摆脱了她的过去,走进森林,最后一位好心的女士收留了她,给她吃的。我猜那一路上她一定很冷,于是我脱下外套放在路边,仿佛是返回巴基斯坦之前的献祭仪式。但这并非是活人给死人敬献鲜花,更像是我们拿着卢比纸钞绕着活人的脑袋转圈,祝福对方。后来,透过航站楼的窗户,我看到我的衣服引发了安全警报,对此我只能恼火地摇摇头。

您问我究竟打算如何制止美国?您难道真的不知道吗,先生?您迟疑了——别怕,我不会粗暴到逼您回答,而且我会告诉您我做了什么。虽然做得不多,可能会让您失望,但我们得先离开这个市场,店铺都开始打烊了,还有些不怀好意的家伙在周围转悠。您住在哪里?您说明珠大陆酒店?我和您走过去吧。不,并不远,虽然天已经黑了,路上也没什么人,但我们不会有事的。我之前说过,抢劫偷盗一类的小规模犯罪在拉合尔并不多见,而且我们两个的体格和外貌就会让歹徒望而却步。

*12*

您刚才回头看了一眼，先生，我猜您也注意到并非只有我们打算离开。没错，他们要到后面的摩尔路去，比如那个非常周到却仍旧让您不自在的侍者。没什么好奇怪的，他已经下了晚班。我会建议您转回头来，欣赏一下那些可爱的建筑——它们虽然已经有些年头——最早的是英国殖民地时期建造的，从地理位置和建筑功能来讲，它们是连接这座城市的过去和现在的纽带。它们是多么讨人喜欢啊：药房、眼镜店、定做高级纱丽的服装店和男装裁剪铺。您瞧，许多店名里都有"父子"和"兄弟"字样，说明它们是家族经营的生意，被人珍重，代代相传。不，不包括那家卖枪的店。您说得对，但您也一定会同意，大部分这样的店铺都是相当古雅迷人的。

至于那些商场则完全是另一回事，它们的外观生硬古板，千篇一律，大部分建于七八十年代，那时人们还不懂得保护城市的历史风貌。它们就像皮肤上的疹子，破坏了这一带的美感。我发现在夜色中它们显得尤其刺眼，暗沉空旷，间隔着一条条狭窄的小巷，仿佛要把路人吞噬再也不会吐出来一般。没错，您说得对，我们还是快点儿离开，还有一大段路要走呢。

您熟悉《睡谷的传说》这本书吗？您说看过电影？我没看过，我猜它一定会忠实原著，因为书写得绝对非常动人。读者可以想象出伊卡博德·克莱恩独自骑马，遇到无头骑士时的恐惧。老实说，有时一个人走夜路时，我脑子里会响起无头骑士鬼魅般的马蹄声，吓得心惊肉跳。可您显然对这个话题没什么兴趣，反而相当紧张，好吧，请允许我换个话题。

先生，刚才我告诉过您我是如何离开美国的，然而我的经历让"离开美国"这句陈述变得复杂化了。因为我虽然人回到了巴基斯坦，心却留在了美国，我依然对艾丽卡念念不忘。我仿佛把她的一部分带回了拉合尔，或者更确切地说，我把自己的一部分留给了她。我无法在自己出生的城市里找到安放它们的位置，无论如何，我的情绪都受到了这个后果的影响。有时在外界的刺激下，悲伤和痛悔之情将我包围；有时这些情绪循环出现，几乎像潮汐一样，我找不出更合适的词来形容它们。

我的心情仿佛随着一颗无形之月的引力跌宕起伏，让我体验到了各种出人意料的奇特感受。

比方说，我有时即便一夜没合眼也会在黎明时起床，接下来我会和幻觉中的艾丽卡度过一整天。我们会在我的卧室里醒来，和我父母共进早餐；我们会一起穿好衣服上班，洗澡时互相爱抚；我们会骑着小轮摩托车到学校去，我能感觉到她的头盔碰着我的头盔；我们会在教师停车场分开，我也会为过路的学生向她投去的目光而感到既好笑又恼火，因为我不知道这些凝视有多少是因为她的美丽，又有多少是因为她是外国人；我们会一起去露天饭馆吃一顿味美价廉的餐食，沐浴在皇家清真寺近旁的月光之中；我们还会聊工作上的事以及什么时候要孩子；我会纠正她的乌尔都语，她则给我的课程计划提意见；我们会在床上做爱，伴着吊扇嗡嗡转动的声音。

我有时会产生一些生动却转瞬即逝的幻觉。记得有次发生在雨季，我凝视着路上的一道轮胎印，雨水滴在里面，逐渐形成一个小水坑，像个小湖。我注意到湖中心竖着块石头，好像一个岛，这时我仿佛看到艾丽卡见到这一幕时欢喜雀跃的样子。我还记得有一次我撞坏了自己的摩托车，回家后我脱下衬衫，发现肋骨上有道青色的挫伤，很像曾出现在艾丽卡身上的那条瘀痕。我望着镜子里的自己，手指触摸着我的皮肤，暗自希望伤痕不要消失得太快，当然，无论如何它总是会消失的。

这些体验让我相信，当个体的自我边界因为某段关系而变得模糊和可以跨越时，重建这道边界或许是不可能的事。有时无论如何努力，我都无法找回曾经独立自主的人格。当然，这样的自我也许此前只存在于我们的想象之中，有些属于内心的东西现在却暴露在光天化日之下。也许您没有过类似的经历，因为从您的眼神来看，您仿佛把我当成了呓语中的疯子。我并不奢求别人完全理解我的感受，而且我也不反对您本能地对负面情绪筑起防御墙，我只是希望解释一下我返回之后的某些行为。

尽管经济拮据，我还是每年都支付校友会的会费，因为可以收到《普林斯顿校友周刊》。每一期我都从头到尾仔细读过，而且会特别留意刊末的班级新闻和讣告。偶尔会看到熟人的名字，这本刊物像一个小孔，供我窥视被我抛下的那个世界——它属于那些和我同游希腊的人——想象它发生着怎样的变化。然而艾丽卡的名字从未在那些纸页中出现过。有时变幻莫测的国际邮递服务会让其中的几期无法抵达我的手中，也许她的名字就印在了其中一本里面。每当想到这种可能性，我的心里会涌起同等强烈的希望和悲伤。

我不知道自己究竟期待看到什么——她的小说得以出版，在新书发布会上，她突然出现，让同学们激动不已？警方宣布找到了她的遗体？还是出现在同学聚会照片中的可能是她本人的模糊面孔？但我知道时间的流逝并不会减弱我寻找的渴切，一连几个月里，我都坚持给她发邮件，直到她的账户变成非活跃状态。那以后我就每年只给她写一封信，在她失踪的周年日寄出，然而我的邮件总会原封不动地退回。

去年四月我哥哥结婚了，此后不久我过了二十五岁生日，我母亲也开始催我早些考虑自己的个人问题。她觉得我身上有种不健康的忧郁，而成家立业必定可以使我重新热爱生活。她还认为我要么疯狂工作，要么深居简出，应该多和朋友们在一起。有一次她甚至紧张兮兮地问我是不是同性恋，我没告诉她艾丽卡的事，而且我发现要告诉她已经变得越来越难。因为我们的关系现在只存在于我的脑子里，如果和一个注重现实的母亲讨论它，可能对我的记忆造成难以恢复的伤害。当然我并非真的相信自己仍然和艾丽卡保持恋爱关系，或者觉得未来她会背着背包出现在我家门口，给我一个惊喜。我只是觉得自己还年轻，没有结婚的必要，我愿意再等一阵。

先生，您为什么如此惊慌？是什么吓到了您？是远处传来的那个声音吗？我向您保证，那不是枪响，虽然我知道您可能误以为它是，但那不过是机动三轮车点火失败的声音。它们的二冲程发动机经常得不到妥善的维护，容易发出那种噪声。确实让人心烦，我同意。什么？是不是有人跟踪我们？我并没有看到任何人。不，等等，您这么一说，我发现那边确实有几个人在黑影里。不过即使已经这么晚了，我们也不能指望摩尔路上只有我们两个行人，他们很可能是下班回家的工人。

没错，您说得对，他们停下来了。您想说什么，先生？我是不是给他们发了信号？当然没有！和您一样，我根本不知道他们想干什么，更不认识他们。也许他们还想知道我们为什么停下来了呢，甚至怀疑我们心怀不轨！好了，没必要大惊小怪，我们还是继续走吧，已经半夜了。拉合尔毕竟有八百万人，可不是什么鬼魅出没的乡间树林。

我很高兴您愿意继续走下去，可您在找什么？啊，您那部奇怪的手机，如果您打算给同事发短信，不妨告诉他们，我们离您的旅馆不远了，至多再走十五分钟。我也该想想怎么给我的故事收个尾。您还记得吧，先生，刚才您问我做了什么来阻止美国。既然我们即将分别,我来试着回答您的问题,哪怕答案很可能会让您大失所望。

从纽约回来后的第二年夏天,印度带来的战争威胁达到了最高点。设在印巴两国的各家跨国公司纷纷通知高级职员撤离,所有第一世界国家都建议公民不要前往可能开战的区域旅行。气候似乎成为推迟双方正式展开敌对行动的唯一因素:首先,由于天气炎热,印度无法经由沙漠地区发动进攻。其次,因为季风气候,雨水阻挡了印度坦克在旁遮普地区的推进。九月被视为最适合开战的月份,因为克什米尔山口在十月初可能因为降雪而无法通行。所以整个九月我们都坐立不安,日子变得很难熬——您国家的媒体很难关注到这一点,因为你们的注意力大都集中在纽约和华盛顿遭袭一周年上——然后时间仿佛突然加快,双方的谈判取得了进展,发生夺取成千上万人性命的大灾难的可能性有所降低。当然,人性的复苏是短暂的——六个月后,伊拉克战争爆发了。

贯穿这些冲突的主线,是以反恐为名,实现美国少数人的利益。他们对恐怖主义的定义,仅仅是指那些出于政治目的、不穿军装的杀手针对平民进行的有组织的杀戮。我意识到,如果这种反恐成为人类的优先事务,那么除了成为连带的牺牲品之外，与这些杀手生活在同一片土地上的人的生命将没有任何意义。我相信正因如此，美国才会认为自己导致阿富汗和伊拉克的那么多人死亡是有正当理由的，这也是美国觉得可以通过印度对巴基斯坦施压，进而给更多人带来死亡风险的原因。

在此期间我得到一份担任大学讲师的工作。在校园里，我把宣传如何摆脱对你们国家的依附作为自己的使命。在学生中我很受欢迎，也许是因为我年轻，或者是因为他们看到了我这个"前苏丹禁卫军"拥有的宝贵技能的价值，我在金融课堂上把这些技能传授给他们，而且很容易就能说服他们参加要求巴基斯坦在国内国际事务中更为独立的游行。当我们的集会规模不断扩大，发展出新闻价值之后，外国媒体就给我们打上了反美的标签。

我们第一次引起广泛关注的游行活动发生在不久之前，当时您国家的大使来到了拉合尔，我们包围了他发表演讲、鼓吹美式论调的大楼。我们去了好几千人，包括各种派别，比如共产主义者、资本主义者、女权主义者、基要主义者什么的。情况开始失控，人们焚烧模拟像、扔石头，然后一大群穿制服和便衣的警察冲过来，爆发了几处骚乱。我也参与了一场，结果被抓进监狱，顶着流血的嘴唇和挫伤的指关节在里面待了一夜。

我的坐班时间很快被政治上志同道合的青年人占用，以至于我常常被迫在办公室里待到晚饭之后，这样才能让那些为了课内外各种需求来找我的人满意而归。自然，我成了许多这样的男女青年的导师，不仅指导他们写论文、举行集会，还帮助他们解决心理等方面的各种问题，从戒毒、计划生育到囚犯权益、为家暴受害者提供庇护所等，不一而足。

我不会假惺惺地告诉您我所有的学生都是天使，我愿意第一个向您承认，他们中的有些人比普通暴徒好不了多少。但有必要指出的是，这些年来，我磨炼出了一种快速识人的能力，这种能力很大程度上是从我的前导师吉姆那里学来的。虽然我不敢自称万无一失，但我对大多数人的性格判断是相当准确的。例如，在一群人里面，我通常能够判断出谁最可能挑起暴力事件，或者从我的同事中，找出最有可能向院长抱怨我的那个人，然后及时阻止他，防止我的行动受到上级的牵制。

我曾不止一次地接到正式警告，但由于选我课的人太多，我还没有遭到停课的惩罚。为了让您不至于认为我是那种对教学不感兴趣、喜欢和年轻的罪犯混在一起、勾结校园帮派的老师，我应该指出，喜欢我的学生都是些聪明的、理想主义的学术人才，有礼貌也有志向。我们以同志互称，因为我们所做的都符合我们共同的志向，但我也会毫不犹豫地用"一厢情愿"来形容他们。比如最近他们中的一个因为策划暗杀行动遭到逮捕，暗杀对象竟然是您国家派来为我们的农村贫困人口提供援助的协调员，听到这个消息后我非常震惊。

我对这件所谓的阴谋毫不知情，而且它针对的人居然是我们的同情者，这就更加奇怪了。但我敢肯定的是，那名学生是被错误地牵连进去的，您问我为什么如此肯定，我是不是有内幕消息？我必须指出，先生，您的语气非常不友好，充满先入为主的指责。您想要表明什么？我可以向您保证，我是非暴力主义的信奉者，憎恶流血，除非是为了自卫。您问我眼中的自卫范畴有多宽？一点儿都不宽！我不是杀手的盟友，我只是一名大学讲师，仅此而已。

从您的表情看，您不相信我，这也没关系，因为我相信自己说的话是真的。无论如何，我们无法直接问那孩子究竟是怎么回事，因为他已经消失了，毫无疑问是被秘密审讯机构抓走了，正在您国家和我们国家之间的某个法外之地遭受折磨。他和我不是很熟，我已经多次指证过了，但我记得他腼腆的微笑和制作现金流报表方面的天赋，他的离奇遭遇令我愤怒。当国际电视新闻网来我们学校采访时,我告诉他们,没有一个国家可以像美国这样轻易地给其他国家的居民带来死亡,这一点让许多遥远地区的人惊恐战栗。我本想保持冷静,但谈到这个话题的时候却忍不住激动起来。

后来我意识到,在表达不满的同时,我可能也吸引到一些关注,以自己的方式释放出一星萤火,而它的光亮足以超越大陆和文明的界限。如果艾丽卡在电视上看到了我——理性地说,这几乎是不可能的——也许会被我打动,和我联系。然而她并没有这样做,我觉得有些失落。但我的简短采访似乎引起了共鸣,它一连重播了好几天,甚至现在都能从有关反恐战争的混剪视频中找到它的节选。它的影响如此之大,连我的战友们都警告我,美国可能对我公开挑衅的言论作出反应。

从那以后,我一直觉得我是等待着马洛的库尔兹[1],我努力去过正常生活,假装什么都没有发生。然而实际上我却得了妄想症,总觉得有人在监视我,我甚至试图改变自己的日常习惯——比如我出门上班的时间和上班时的路线——然而我最终

---

[1] 马洛和库尔兹是英国作家约瑟夫·康拉德(Joseph Conrad,1857—1924)《黑暗的心》中的人物,库尔兹前往刚果为一家比利时公司收购象牙,在当地无恶不作,后来精神错乱,于是公司派马洛去非洲寻找库尔兹。

意识到这些都不管用。命运找上我的时候，我必须正视它，还要摒除畏惧之心。

最重要的是，我必须避免去做您正在做的事情——不时地往我身后看，您似乎没在听我说话。也许您已经断定我是个无可救药的骗子，也许您认为有人在跟踪我们。真的，先生，您大可以不用那么担心。没错，那些人离我们是有点近，其中有个人脸上的表情确实有些——噢，那是我们的侍者，他正朝我点头打招呼呢，他们对您根本没有恶意。我向您保证，这是再明显不过的事实。您可不要觉得我们巴基斯坦人都是潜在的恐怖分子，就像我们也不应该把你们美国人全都想象成卧底杀手一样。

啊，我们马上就要走到您住的酒店门口了。我们该在这里分别了。也许我们的侍者也想和您说再见，因为他快步走过来了。没错，他向我招手，请我拜托您暂时留步。我知道我的某些观点让您觉得不舒服，但希望您不要拒绝和我握手。可您为什么把手伸进外套了呢，先生？我看到了金属的闪光，既然我们已经有了一定程度的交情，我相信那应该不是什么别的东西，很可能是您的名片夹吧。

马上扫二维码,关注"**熊猫君**"

和千万读者一起成长吧!